本书在南通市第五期"226高层次人才培养工程"科研资助及南通市社科基金项目（2018CNT005）资助下完成并出版

经济管理学术文库·经济类

城镇化、产业集群与区域技术创新：系统耦合机制下的现实考察与实证检验

Urbanization, Industrial Cluster and Regional Technological Innovation: Realistic Investigation and Empirical Test under System Coupling Mechanism

陈　斌／著

图书在版编目（CIP）数据

城镇化、产业集群与区域技术创新：系统耦合机制下的现实考察与实证检验/陈斌著.—北京：经济管理出版社，2019.9
ISBN 978-7-5096-6675-3

Ⅰ.①城… Ⅱ.①陈… Ⅲ.①城市化—研究—中国 ②产业集群—研究—中国 ③区域经济—技术革新—研究—中国 Ⅳ.①F299.21②F269.23③F127

中国版本图书馆CIP数据核字（2019）第119754号

组稿编辑：曹　靖
责任编辑：杨国强
责任印制：黄章平
责任校对：董杉珊

出版发行：经济管理出版社
（北京市海淀区北蜂窝8号中雅大厦A座11层　100038）
网　　址：www.E-mp.com.cn
电　　话：（010）51915602
印　　刷：北京晨旭印刷厂
经　　销：新华书店
开　　本：720mm×1000mm/16
印　　张：12.25
字　　数：201千字
版　　次：2019年9月第1版　2019年9月第1次印刷
书　　号：ISBN 978-7-5096-6675-3
定　　价：68.00元

·版权所有　翻印必究·
凡购本社图书，如有印装错误，由本社读者服务部负责调换。
联系地址：北京阜外月坛北小街2号
电话：（010）68022974　邮编：100836

前　言

　　随着工业化和现代化的不断深入，城镇化成为世界各国发展进程中重要的经济和社会现象，并促使很多国家（地区）保持经济持续增长。产业集聚是经济活动分布的一种地理特征，被认为是一国（地区）生产率和竞争优势的源泉之一。产业集群作为产业集聚的组织形态，与城镇化在时间进程和空间演化中相互融合，成为区域经济发展的主要推手。在西方发达国家，城镇与创新活动呈现明显的融合特征，创新型企业空间扎堆，并且在地理上形成若干个各具特色的产业创新区域。在我国，城镇化与产业集群虽然已分别呈现较强的发展态势，但在技术创新层面，城镇化与产业集群的协同效应并不显著，这不仅在很大程度上弱化了集群企业的竞争力，也对区域城市运行与经济发展形成阻滞。随着创新地理学的兴起，国外学者开始关注城镇空间对技术创新的影响。20世纪末，国外学者开创了区域和产业一体化影响技术创新研究的先河。但这些成果在空间维度和产业维度之间并未形成稳定"交集"，特别是在产城协同影响技术创新方面的理论研究鲜有突破。因此，以更广阔的跨学科视界，考察城镇化与产业集群的协同（耦合）关系，探讨其对技术创新的影响效应，既可以延伸城镇化与产业集群的协同研究，又可以拓宽技术创新的研究边界，对城市与产业融合发展、产业转型升级和企业的空间决策行为都具有较强的理论价值和实践指导意义。

　　本书构建了城镇经济体一般生产函数，推导出产业集聚下城镇经济体的广义技术进步函数，揭示在产业集聚下城镇化进程的不同阶段对技术创新的影响逻辑，为产业集聚和城镇化的二重作用引致技术创新的"非线性"发展提供理论解释。本书利用国内省域发明专利授权数据，结合产业集聚测度测算，经验性地分析我国城镇化与产业集群空间交叠特征。事实显示，城镇化与产业集群不同发展状态的空间交叠，技术创新活跃程度有显著差异。基于此，进一步构建城镇化—产业集群耦合模型，对城镇化与产业集群相互作用的性质和程度进行评判。同时，运用GMM计量方法检验城镇化—产业集群耦合协调度对技术创新效率的影响效应，深度解析城镇化、产业集群和技术创新之间的作用与联系。另外，以区域创新承载力为视角，对城镇化与产业集群耦合影响技术创新的效应进行解析。通过构建区域创新承载力指标体系，以刻画技术创新活动环境的变化，并以此为核心变量，基于江苏省13个城市的面板数据对区域创新承载力与城镇化—产业集群耦合度的相关性进行OLS、GMM法计量，以验证城镇化与产业集群耦合发展对创新活动环境的影响。

本书的主要结论如下：

（1）理论上，城镇化与产业集群对技术创新影响具有二重性，技术创新在两者的作用下呈"非线性"发展。城镇资源人均占比提高是促进技术创新的主要因素之一。在产业集聚下，城镇化进程的不同阶段对技术创新的影响存在差异。

（2）从现实考察看，城镇化与产业集群空间分布呈现明显的空间交叠特征，城镇化与技术创新的空间联结也因此呈现异质性。城镇化与产业集群处于不同发展阶段及状态，技术创新活跃程度差异明显。

（3）城镇化与产业集群是否形成良性共振是区域产业获得可持续发展的重要条件。当产业集群总贡献度增幅持续超过城镇化总贡献度增幅时，城镇空间可能成为产业集群的进一步发展的限制条件。城镇化—产业集群耦合状态可能成为产业发展的"天花板"，如无法有效突破耦合协调度门槛值，产业集群就可能发展停滞、萎缩或者迁移。

（4）城镇化与产业集群作为地方经济的两大系统，两者耦合协调度提升会对技术创新效率产生正面影响，且不同行业受城镇化与产业集群耦合水平的影响效应也不尽相同。城镇化与产业集群耦合水平对于劳动密集型企业和技术密集型企业影响显著,而对于资本密集型企业的影响较弱,企业技术创新活动的区位选择必须考虑到所在城镇与产业集群的耦合状态。

(5) 城镇化与产业集群的良性耦合一定程度上放大了城镇化、产业集群对于区域创新承载力的作用,有利于企业技术创新发展。相反,一旦城镇化与产业集群两者呈现负反馈状态,则可能恶化创新环境,不利于企业技术创新发展。

上述研究结论更深层次地探讨了城镇化与产业集群的相互作用,明晰了两者对于技术创新影响的传导路径。文章从"产业—空间"层面,剖析城镇化与产业集聚对技术创新的二重影响效应,使研究更具实践意义;本书提出以最大化城镇化—产业集群耦合协调度为指引,构建多维度对策体系,从宏观、微观两个角度提出政策建议,以期在微观层面上,为相关企业的空间决策行为提供新的战略视角;在宏观层面上,为促进产业转型升级、区域空间重构调整提供新的思路。

目 录

第1章 绪论 ... 1

1.1 研究背景及意义 ... 1
1.1.1 现实背景及意义 ... 1
1.1.2 理论背景及意义 ... 4

1.2 研究目标与内容 ... 6
1.2.1 研究的主要目标 ... 6
1.2.2 研究的主要内容 ... 7

1.3 研究的总体思路与框架、研究的重点与难点 ... 9
1.3.1 研究的总体思路 ... 9
1.3.2 研究的总体框架 ... 10
1.3.3 研究的重点与难点 ... 13

1.4 研究方法与技术路线 ... 14
1.4.1 主要的研究方法 ... 14
1.4.2 技术路线 ... 15

1.5 可能的创新之处与不足 ... 15
1.5.1 可能的创新之处 ... 15
1.5.2 研究的不足 ... 17

第2章 理论回顾与文献综述 18

2.1 城镇化的研究轨迹及主要成果 18
2.1.1 城镇化的内涵研究 19
2.1.2 城镇化的特征研究 25
2.1.3 影响城镇化的因素研究 27
2.1.4 城镇化的影响研究 29

2.2 产业集聚的国内外研究及评述 31
2.2.1 国外研究及评述 31
2.2.2 国内研究及评述 34

2.3 城镇化、产业集群与技术创新关系研究及评述 36
2.3.1 城镇化与产业集群关系的研究现状 36
2.3.2 产业集群与技术创新关系的研究现状 38
2.3.3 城镇空间与技术创新的研究现状 41

2.4 文献评述及研究空间 45

第3章 城镇化、产业集聚影响技术创新的理论分析：基于广义技术进步函数 47

3.1 相关概念界定 47
3.1.1 城镇化与城市化 47
3.1.2 产业集聚与产业集群 48
3.1.3 技术创新 48
3.1.4 耦合 49
3.1.5 创新承载力 49

3.2 城镇化、产业集聚影响技术创新的理论分析 50

3.3 产业集聚与城镇化对技术创新影响的二重性 54

3.4 本章小结 57

第 4 章 城镇化、产业集群与技术创新的现实考察 … 59

4.1 城镇化与产业集聚关系的基本评判——以长三角为例 … 60
4.1.1 城镇化与产业集群空间分布交叠 … 61
4.1.2 城镇化、产业集群与创新活动的空间联结 … 62

4.2 城镇化、产业集群与技术创新拟合分析 … 65
4.2.1 城镇化与产业集聚的拟合 … 65
4.2.2 城镇化、产业集群与技术创新的空间特征 … 68

4.3 研究拓展：城镇化和产业集聚作用下的技术创新综合评判 … 74
4.4 本章小结 … 76

第 5 章 城镇化与产业集群耦合及模型建立 … 79

5.1 城镇化与产业集群耦合概念 … 79
5.2 城镇化—产业集群耦合模型 … 81
5.2.1 城镇化—产业集群序参量的确定 … 81
5.2.2 城镇化—产业集群耦合度模型 … 82

5.3 城镇化—产业集群耦合模型计量与分析 … 84
5.4 基于城镇化—产业集群耦合协调度的产业集群效用曲线 … 90
5.5 基本结论与启示 … 92

第 6 章 城镇化与产业集群耦合对技术创新效率的影响研究 … 94

6.1 城镇化与产业集群影响技术创新的理论分析 … 94
6.1.1 问题提出 … 94
6.1.2 理论分析 … 96

6.2 模型设计与指标选取 … 98
6.2.1 模型设计 … 98
6.2.2 变量及指标选取 … 99

6.3 实证研究及结果分析 …………………………………………… 100
6.4 基本结论及启示 ………………………………………………… 104
    6.4.1 产业氛围型（产业集聚与城镇低水平耦合）……………… 108
    6.4.2 相互嵌入型（产业集聚与城镇化良性耦合）……………… 108
    6.4.3 创新环境型（产业集聚与城镇化空间耦合）……………… 109

第7章 城镇化与产业集群耦合影响技术创新的效应解析：基于创新承载力视角 ………………………………………………… 112

7.1 区域承载力的研究综述 ………………………………………… 113
    7.1.1 承载力的概念及内涵 ……………………………………… 113
    7.1.2 区域知识承载力的研究综述 ……………………………… 114
7.2 区域创新承载力的内涵界定 …………………………………… 115
7.3 理论假设 ………………………………………………………… 116
    7.3.1 基于知识外溢视角 ………………………………………… 117
    7.3.2 基于创新主体视角 ………………………………………… 118
    7.3.3 基于创新环境视角 ………………………………………… 119
7.4 计量检验 ………………………………………………………… 121
    7.4.1 变量描述 …………………………………………………… 121
    7.4.2 计量方法与模型设定 ……………………………………… 125
    7.4.3 实证及结果分析 …………………………………………… 126
7.5 基本结论与启示 ………………………………………………… 131

第8章 主要结论、政策启示与研究展望 …………………………… 134

8.1 主要研究结论 …………………………………………………… 135
8.2 相关政策启示 …………………………………………………… 138
8.3 不足之处与研究展望 …………………………………………… 141

参考文献 ……………………………………………………………… 143
附表1　国内专利申请授权年度状况（1985~2015年） ……… 162
附表2　国内三种专利申请授权量（2014年） ………………… 164
附表3　国内三种专利申请授权量（2015年） ………………… 166
附表4　2012~2015年中国各省区市分行业技术创新数据 …… 168
附表5　全国各省、直辖市及自治区城镇化率（2013~2017年） …… 170
附文　国务院关于深入推进新型城镇化建设的若干意见 ……… 172
后　记 ……………………………………………………………… 183

第 1 章 绪论

1.1 研究背景及意义

1.1.1 现实背景及意义

改革开放以来,我国城镇化水平快速提高。特别是进入 21 世纪之后,城镇化率以每年提高约 1.35 个百分点的速度发展,城镇人口每年增长约 2096 万人。截至 2011 年,我国城镇化率已达 51.27%,城镇人口首次超过乡村人口,表明全国意义上的城镇化拐点出现。2016 年末,我国城镇常住人口 79298 万人,乡村常住人口 58973 万人,城镇化率为 57.35%。[①] 与此同时,产业集群作为一种典型的经济活动空间组织形式,成功演绎了区域经济发展的新模式。随着工业化和城市化的不断推进,城镇化和产业集聚在时间进程和空间演化中相互融合,并且成为区域经济发展主要推手。在区域经济发展过程中,城镇建设与产业集聚两者之间相辅相成、相互融合。城镇建设需要巨额的公共预算投入,产业的繁荣与发展可以为城镇

---

① 数据来自国家统计局网站。

建设提供经济基础。反之,产业发展停滞、衰退或者迁移,城镇建设则成为无源之水、无本之木。另外,城镇化有利于吸引生产要素进一步集聚。城市发展所提供的基础设施、交通运输和公共服务可以降低企业生产成本、商务成本、劳动力成本和资金成本等。完备的公共服务(包括教育、医疗和社会保障等)、宜居的城市生活环境和生态环境对于高层次人才、技术和资金等创新要素的引力更为明显。

就技术创新而言,产业集群作为一种特殊的产业组织形式,可以通过内部的知识、技术、信息流动和共享,提升技术创新效率。在西方一些主要发达国家,城镇与创新活动呈现明显的区域融合特征,创新型企业空间扎堆,并且在地理上形成若干个各具特色的产业创新区域。如美国的硅谷、德国的巴登—符腾堡和日本的东京湾区。这些区域在产业技术创新方面的成功经验表明,城镇化与产业集聚在空间融合、相互作用对产业技术创新产生了影响。产业创新的原因在于,区域内城镇功能、地域和产业的一体化,区域创新要素集聚和非经济因素(如文化、规范和制度)对技术创新的影响越来越重要。城镇提供公共基础设施和公共服务,增加了与产业集群相关的配套设施建设,吸引众多的关联企业在一定区域内集中,进而推动了产业集群的形成与发展;人口迁移是城镇化的一个主要现象,人口向城市汇集可以为产业发展提供充足的劳动力来源和消费市场。通过区域城乡统筹与协调发展、资源集约利用、低碳经济以及生态文明的城市发展模式,实现产业和城市发展从以往的要素投入驱动转变为技术和创新驱动。从非经济层面看,城镇化的市民社会以及社会文化基础结构是区域具有创新能力和竞争力的先决条件。产业集群和城镇社区之间的融合将平衡企业的竞争与合作,有利于隐性知识在企业间传播,促进产业技术交流与革新。

一个现实背景是,一些曾经繁荣地方的产业集群却发展停滞或萎缩。比如,我国东部沿海地区早期凭借区位、政策优势及城市虹吸效应,成为产业、FDI 及各种要素集聚地。随着时间推移,集群式的产业发展模式导致产业同构、低端锁定和过度竞争现象。在资源、环境和生态的约束条件下,产业集聚的"拥挤效应"日益凸显。成本上升、创新乏力成为当下诸多集群企业发展面临的难题,其背后的主要原因是产业集群缺乏创新能力。同样,对于那些依托于村、乡和县域发展的产业集群,发展到一定规模后,普遍遇到人才短缺、相关配套产业未能跟进、公共和基础设施匮乏,集群所在地的教育、研发和居住环境落后,对人才、技术、资金等创新要素的吸引力弱,进而造成后续发展乏力。在市场机制作用下,大城市的发展优势会转化为其对资源的牵引力,促使有限的资源从城镇流向大城市。小城镇在城市竞争中将处于劣势,即使在产业出现集聚的城镇中,产业规划和城镇规划不配套、不衔接的现象也较为突出。公共服务、城镇建设与产业集群发展不协调,互补性差,造成城镇建设特色不明、城镇形象不佳。城镇对人才、资金和技术等创新要素的集聚作用不强。

虽然从理论上讲,城市化水平提高对产业技术创新和发展有积极作用。但引发进一步思考的是,近年来我国城镇化率也在逐步提高,且在一些城镇化率高的地区,企业技术进步并不明显,创新能力仍然较弱。如我国的辽宁省、内蒙古自治区、黑龙江省,2015年城镇化率分别达0.673、0.603、0.588[①],但这些地区产业发展分散,缺乏有效的产业组织,没有形成集群优势,创新能力依然低下。产生此种现象的可能原因在于,"由上而下"的城镇化是一种政府推动型的城镇化,强调农地向非农用途的转换,将农民直接转换为"市民",导致低技能劳动力被源源不断输至城镇。为了消化这些新增的劳动力,政府会对企业的产能进行干预,导致地方产业产能过剩,企业负担被人为加重,无力进行技术改造和升级。政府主导的城镇化模式在推进过程中容易陷入为了城镇化而城镇化的误区,造成城镇化的发展脱离产业、土地、自然资源和人口等发展要素,导致城镇化发展的动力不足。另外,城镇化"孤立式"发展也是一个主要原因。由于快速推进土地城镇化,区域中经济和产业发展滞后于城镇化进程,市场对劳动力需求不足,且失地农民的年龄、健康和非农工作经验等人力资本低下,使失地农民的就业率不高。相对于传统意义上的城市化,这种城镇化并不足以保证非农产业的发展。孤立推进城镇化的地区,由于非农产业的发展滞后,非自愿型失业现象反而加剧,不利于也无法持续推动当地经济发展。农民进城就业定居,必须要有稳定

---

① 国家统计局. 中国统计年鉴(2015)[M]. 北京:中国统计出版社,2015.

的就业岗位，而就业岗位来自产业发展需求。如果城镇产业发展不稳定，产业随时可能转移或迁出，产业提供的就业岗位将是不稳定的，难以形成持续的人口吸纳能力。综上所述，失去产业支撑的城镇化是一种"被动"城镇化，其结果是非农产业就业率低，市民化进程缓慢，既违背了城镇化发展的初衷，同时也难以持续。"自上而下"的城镇化难以形成产业技术进步和创新所需的环境（包括市民文化和社会基础结构），对于创新资源与要素的空间集聚作用不强，无法为产业技术创新和发展提供支持。

另外，新经济地理学认为，产业集聚效应不可能无休止地进行。由于存在市场扩大效应、价格指数效应和外部性，产业集聚边际效用递减。产业在不断集聚过程中，存在一个由"拥挤效应"导致的"拐点"。城镇化是产业发展的空间载体，也可能是产业发展的"天花板"，其选择可能在于城镇化与产业是否协同发展。进一步需要思考的是，城镇化与产业集群的协同发展是否可以集聚创新要素、改善创新环境、提升集群企业创新效率，进而促进产业转型升级，延缓或者消除上述"拐点"的出现。此命题需要我们深入考察城镇化和产业集群如何相互作用，特别是两者之间的相互作用对技术进步与创新产生何种影响，需要哪些条件？城镇化与产业集群两者在协同发展过程中是否存在明显的区域或者边界？不同的城镇空间、产业结构以及两者组合配对将对技术创新产生何种影响？江苏省是我国经济较为发达的地区之一，城镇化发展水平较高，同时拥有大量的产业集群、产业梯度转移，在长三角地区形成了产业高、中、低端阶梯式的发展。若能以该地区为例，针对上述系列问题进行深入思考和研究，将会揭示产城协同发展促进产业技术进步与创新的内在规律，这对于促进产城融合、产业结构优化升级，促进地方经济可持续发展具有十分重要的现实意义，并对地方政府城市空间优化、功能融合和产业发展决策具有重要的指导意义。

1.1.2 理论背景及意义

产业集群是产业集聚的主要形态。实际上，产业集聚是产业发展过程中的一种空间特征。作为发达国家（或地区）经济发展的重要现象，产业与空间的联系也吸引国内外相关学者的关注与研究。从新古典经济学的代表人物马歇尔（Marshall）所提出的外部经济理论，到新经济地理学的开创者Krugman提出的中心—外围模型，产业集聚研究形成了完整而又成熟的理论研究体系，国内外的相关实证研究成果也十分丰硕。城镇（空间）与产业集群的协同作为上述研究的延伸和拓展，其研究重心在于两者协同机制及效应研究。这一话题最早可溯源至Marshall（1890）对外部经济概念的论述，Marshall在提出外部经济概念时认为集聚经济的两个重要方面——相互之间的了解信任和产业集聚，对促进产业区技术创新的产生和创新在小企业间的扩散有积极的作用。随着新经济地理学研究的兴起，城镇（空间）与产业的关系得以规范研究，两者对于产业区技术进步的影响研究逐渐获得重视。而直到Piore和Sabel（1987）研究的出现，城镇空间对技术进步的影响研究才引起学术界的重视，Piore等认为，产业集聚仅仅是影响集群企业技术创新的一个方面，生产活动和社区更广泛活动的融合将会确保竞争与合作之间的平衡，并出现持续的创新和新技术的应用。一些地方产业集群技术创新的原因在于它们把功能一体化和地域一体化结合在一起。社会学、经济地理学、创新地理学理论不断发展，也试图从多个角度解释城镇（空间）与产业的协同发展对于技术创新的影响机制与效应。城镇空间所特有的文化、规范和制度等对技术创新的影响越来越重要，相互学习是创新的基本活动，创新应该更广泛地理解为一个社会的、非线性的和相互作用的过程（Asheim，1994）。总体来看，对于产业区技术创新方面的研究更多聚焦于产业创新机制，而对于城镇（空间）与产业协同对技术创新的影响，无论是在空间视角和行业视角的研究，还是在内在机理与效应的分析方面，前人的研究尚存许多理论盲点和研究空白。

由于我国城镇化发展进程不断加快，城镇与产业两者的关系逐步引起国内学者的关注。多元化的研究方法和视角是当前产城关系研究的主要特点。国内学者各自从制度经济学、演化经济学和新经济地理学的角度，对城镇和产业融合机制及效应展开积极的思考和论述。但是，多数研究内容以处理现实问题（如何解决好产城割裂式发展）为主，理论研究不多。而城镇与产业协同对于技术进步的影响研究更实属罕见，已有一些零星研究停留于产业集聚对于技术创新效应的刻画，以及城市间产业技术创新能力的比较，未能很好地融合相关理论与学科知识构建一个系统而完整的理论分析框架（范式），分析也不够系统深入，城镇与产业协同影响技术创新的机理始终是一个未能被很好地解构的"黑箱"。

以上理论与现实背景激发了本书对于城镇化与产业集群两者关系对技术创新影响的关注，这也是当前技术创新研究领域相对忽视的一个问题。对这一话题进行研究，可使我们的关注焦点从单一地注重（盲目）提升产业集聚度，转移到对产业集聚的城镇空间、行业与制度抉择上，提升产业区技术进步与创新能力、最终实现产业转型升级。当前，中国经济正处于增长阶段转换和进入新常态的关键时期，在这一大背景下，城镇化与产业展现出一些新的互动特征，两者发展也遇到了前所未有的挑战。基于上述考虑，本书将围绕城镇化与产业集群两者如何影响技术进步与创新这一话题，展开一系列理论与实证研究。这些工作可以延伸城镇化与产业集群的关系研究，拓展技术创新的研究边界，具有极强的理论增值价值和深远的实践指导意义。相关研究结论可为地方政府推进城镇与产业协调发展、促进城市与产业功能融合、促进产业转型升级提供路径及建议，并为企业创新战略的空间抉择提供理论依据。

1.2 研究目标与内容

1.2.1 研究的主要目标

目前对于产业集群影响技术创新的研究较多。由于产业数据及技术创新成果数据的易得性，产业集聚影响技术创新的研究以实证居多。在空间研究方面，产业集聚对于技术创新的影响研究大多停留在采用不同的测度方法、选择不同的区域，对集聚度与技术创新之间的关系进行特征分析与比较，以验证不同的理论假设。在理论分析层面，主要在行业集聚的分析范式下，展开集聚模式对于技术进步、知识网络、信息传播等方面的影响研究。在实证分析层面，主要从产业集聚的行业属性和空间属性两大视角展开产业集聚与技术创新的实证分析研究。较多研究仅将空间作为产业集群的一个属性纳入相关研究中。事实上，城镇作为产业集群的承载和发展空间，其自身是一个复杂发展系统。城镇和产业集群在时间进程和空间交叠中相互作用，两者是一个有机整体还是相互割裂，对于两者的发展具有重要影响，也直接影响技术进步与创新。就当前的研究成果看，鲜有学者关注到城镇（空间）和产业集群两者相互作用对于技术创新的影响。

由于技术创新的影响机制十分复杂、影响因素众多。因此，研究技术创新不能孤立进行，不仅仅要强调产业发展和产业集聚对于技术创新的影响，更应该关注产业与城镇（空间）协同（耦合）对其的影响。就我国现阶段而言，突破要素瓶颈和制度障碍，实现技术创新要素在城镇与产业之间的相互传导、互动与协同，对于有效促进技术创新能力提升、实现产业转型升级和城市发展可持续化显得尤为重要。但这一课题涉及面非常广泛，内容极其复杂。本书的研究目标设在三个方面：首先，从产业和空间两个维度厘清城镇化与产业集群两大系统的协同（耦合）对于技术创新的影响效应。在此基础上，形成一系列理论假说，并通过相关计量模型进行实证检验；其次，城镇化与产业集群影响技术创新的效应解析，通过实证检验理论假设；最后，基于实证结论和国内外相关实践经验，从政策层面探寻在最大化城镇化与产业集群耦合效应的指引下，城市与产业协同演进、产业转型升级的主要路径及选择。

1.2.2　研究的主要内容

基于上述研究目标，本书从"产业—空间"两个维度拟就城镇化与产业集群空间交叠特征、耦合效应刻画、对技术创新的影响效应及解析，如何从制度层面进一步推进技术创新发展等几个问题展开具体研究：

1.2.2.1　城镇化、产业集聚影响技术创新的理论分析

理论上，技术创新并不仅仅受单一层面的影响。在产业集群与城镇化的共同作用下，技术创新往往呈现"非线性"发展。由于城镇化与产业协同理论分析

框架的缺乏，导致这一领域存在很多理论分歧，在对于技术创新"非线性"发展的解释上也存在一些模糊地带，相关研究很难向纵深拓展。本书基于巴罗内生增长理论，构建产业集聚下城镇经济体的一般生产函数，推导出城镇经济体的广义技术进步函数。通过数理模型的推导，可以进一步揭示不同的产业集聚水平下，城镇化对于技术进步的影响逻辑，并对产业集聚、城镇化对于技术创新影响的"二重性"给出理论解释。建立基于城镇经济体的广义技术函数，为深入分析城镇化、产业集群对技术创新的影响提供一个新的理论视角与合理的研究路径。静态地考虑产业集聚与技术创新的联系，或者城镇化与技术创新的关系，实际上无法揭示技术创新活跃程度的一般规律。城镇化和产业集聚两者相互作用的性质（相互促进还是相互限制）及作用的强弱程度，可能是促进或者制约区域技术创新活跃程度的根本原因。城镇化与产业集聚对技术创新影响的二重性分析，为技术创新"非线性"增长提供了合理解释，也是引入"耦合"概念的理论基础与逻辑起点。

1.2.2.2　城镇化与产业集群耦合效应刻画

城镇化与产业集群的耦合发展问题是产城关系研究的延伸与拓展。从现实基础上判断，由于我国幅员辽阔、地理条件差异和经济发展不平衡等原因，城镇化发展程度和速度具有显著的地域性及区位性。那么，城镇化进程能否促进产业集聚，并促进技术创新？或者产业集聚能否促进城镇化的发展，并促进技术创新？从单纯的产业联动到形成兼具产业与空间特征的协同耦合需要具备什么条件？此外，现有的理论与实证检验更多的是从产业集聚整体层面上的分析，虽然也关注了产业与城镇的联系，但是毕竟由于区域和行业异质性的存在，使城镇与产业相互的诉求也有所不同。城镇化与产业集聚同属空间概念，若能从协同学的角度出发，揭示城镇化与产业集群两大系统之间的内在联系（耦合效应刻画），对于制定合理的、有针对性的城镇化与产业集群协同发展政策极具指导意义。

1.2.2.3　城镇化与产业集群耦合对技术创新的影响评价及其解释

近年来，我国城镇化率逐步提高，但在一些城镇化率高的地区，企业技术进步并不明显，创新能力仍然较弱。即使在产业出现集聚的城镇中，产业规划和城镇规划不配套、不衔接的现象也较为突出。公共服务、城镇建设与产业集群发展不协调，互补性差，造成城镇建设特色不明、镇城形象不佳。城镇对人才、资金、技术等创新要素的集聚作用不显著。且城镇化与产业集聚两者之间的相互作用对于技术创新存在较为复杂的影响机理。本书从协同学的角度出发，试图将城镇化和产业集群定义为区域中相互作用的两个系统，两者耦合作用表现为正或负反馈，前者相互促进，后者相互限制。理论上，两者的耦合度高，有利于创新要素的融合及协同，促进技术创新的发展。两者耦合度低，则反之。本书在建立城镇化—产业集群耦合模型的基础上，试图通过实证验证城镇化与产业集群耦合对于技术创新的影响效应。

1.2.2.4 城镇化与产业集群影响技术创新的效应解析

需要进一步指出的是，耦合度的影响效应更多地体现为一个结果。如果仅仅是影响效应分析，那么城镇化与产业集聚两者关系对于技术创新的作用过程仍是一个"黑箱"。对于这个"黑箱"的破解，关键在于厘清城镇化与产业集群耦合发展对于技术创新活动的环境产生何种影响。一个城市的空间拓展和产业布局对于区域创新承载力影响巨大？从某种程度上看，城镇化与产业集群耦合发展优化了技术创新活动的环境，提高了区域创新承载力，有利于企业技术创新发展。因此，本书试图以区域创新承载力为切入点，尝试构建区域创新承载力指标来刻画技术创新活动环境的变化，并以此为核心变量进行计量，验证城镇化与产业集群耦合发展对创新活动环境的影响，为今后城市优化拓展与产业协调发展提供理论借鉴与决策佐证。

1.3 研究的总体思路与框架、研究的重点与难点

1.3.1 研究的总体思路

目前，关于城镇化、产业集群与技术创新的关系研究还没有一个完整的理论分析框架。就产业集聚的技术创新研究，现有研究主要基于马歇尔外部性和经济地理学的理论分析框架，研究主要是产业集聚层面的分析（此方面的研究众

多)。对于空间层面,更多的是停留在对创新活动空间集中化的现象性描述上,相关的研究还不够系统深入。本书认为,就技术创新活动而言,城镇化与产业集群的协同(耦合)对于创新活动不仅具有空间和产业的双重属性,且由于空间、行业异质性以及创新要素的稀缺性,这使得在特定的城镇空间内,城镇化与产业集群两者协同(耦合)效应的产生、释放及作用过程中必然伴随着正反馈(互补效应)和负反馈(挤出效应)的动态交错及系统匹配过程,但迄今为止,此方面的研究尚显不足。因此,本书融合经济地理学、创新社会学、创新地理学和协同学等多学科知识,以系统耦合的"特征描述—效应评价—影响解析"为逻辑主线,尝试从"产业—空间"两个维度构建相对完整的理论分析框架,通过数理模型的推演及计量模型的验证,结合实证阐释对城镇化与产业集群耦合影响技术创新的机理。研究中注重耦合效应的阶段特征及动态变化对技术创新活动的影响。本书从宏观、微观两个角度提出政策建议,以期在微观层面上,为相关企业的空间决策行为提供新的战略视角;在宏观层面上,为促进城市功能与空间优化、产城融合及产业转型升级提供新的思路。

1.3.2 研究的总体框架

在以上研究思路的指导下,本书将在生产函数、要素集聚、系统协同以及产业经济学、经济地理学、创新地理学、创新社会学等相关理论知识的基础上展开一系列综合研究,研究的总体框架如下:

第1章,"绪论",基于新型城镇化成为国家战略的时代背景,立足于我国城镇化与产业集群发展的实际情况,全面阐述本书的研究背景及意义,研究的目标、研究的总体思路及框架,具体的研究方法,概念的界定及本书的创新与不足,这是本书的研究基础。

第2章,"理论回顾与文献综述",首先,对城镇化的理论研究做出总体描述,主要对城镇化的内涵、特征、影响因素等方面的研究进行多层次、多维度的研究综述;其次,对产业集聚的理论研究轨迹(国外)及实证分析(国内)进行全方位的梳理、比较和评述;最后,对城镇化、产业集群及技术创新之间关系研究现状进行梳理和总结，为本书的研究寻找理论支撑并拓宽研究视野。在理论基础与文献分析的基础上，初步构建本书的理论分析框架。

第3章，"城镇化、产业集聚影响技术创新的理论分析：基于广义技术进步函数"，基于巴罗内生增长理论，构建城镇经济体一般生产函数。通过数理推导，揭示及验证产业集聚下，城镇化对于技术进步的影响逻辑。同时，进一步证明了产业集聚与城镇化二重作用下，技术创新"非线性"发展的理论逻辑。具体表现为，随着城镇化水平的提高，区域技术创新能力并不一定随着城镇化水平提升而线性提高（在产业集聚水平低的条件下），可能出现技术创新能力发展停滞或者下降的情况（在城镇资源人均占比下降的条件下）。从理论上看，产业集聚下的城镇资源人均占比提高才是促进区域技术进步及创新的主要原因。这也为后续的城镇化与产业集群耦合发展理论假说的提出以及相关实证分析的深入展开打下坚实的基础。

第4章，"城镇化、产业集群与技术创新的现实考察"，本章从探索研究城镇化与产业集群之间是否存在协同发展关系出发，做了如下基础性工作：①以长三角为例，考察城镇化与产业集群空间分布存在明显的交叠特征，并从资源要素基础、城镇规模分布、城镇空间网络和区域制度环境四个方面分析城镇化、产业集群与创新活动的空间联结。②通过区位熵（LQ）指标对产业集聚度进行测算，并与对应区域的城镇化率进行了拟合，深入分析城镇化与产业集聚不同形态的具体表征。③结合数据对区域技术创新活跃度进行空间展示，分析环渤海经济圈、长三角经济圈和珠江三角洲经济圈作为我国技术创新活跃区域，城镇化与产业集群的协同发展特征。在此基础上，叠加区域城镇化率、技术发明专利授权数据以构建我国主要省域城镇化与技术创新活动热区三维图形，总结归纳出城镇化、产业集群与技术创新的空间交叠特征，以期对城镇化和产业集聚作用下的技术创新发展态势进行综合评判。

第5章，"城镇化与产业集群耦合及模型建立"，在上述统计分析的基础上，为了对城镇化与产业集群两者之间的相互作用展开深入而细致的研究，本书将城镇化与产业集群视为区域两大经济系统，借鉴和引入协同学中的"耦合"概念，以度量和评价城镇化与产业集群两者相互作用性质及程度。城镇化与产业集群是否形成良性共振是区域产业集群获得可持续发展的重要条件,而本书所构建的城镇化—产业集群耦合度及耦合协调度模型综合反映了城镇化—产业集群系统的协调性。通过研究得出如下结论:其一,既往的研究认为,产业越集中,其引致的外部经济性越高,这极易形成产业集聚效应只升不降的误区。本章通过实证研究表明,一旦产业集群总贡献度增幅持续超过城镇化总贡献度增幅,城镇承载产业发展的能力将面临严峻考验,如果趋势不变的话,未来该区域城镇空间可能成为其产业集群的进一步发展的限制条件。其二,城镇化、产业集群的系统总贡献值及其增幅往往是不同步的。因此,即使在城镇化—产业集群耦合度相同的条件下,对于产业集群发展的限制性因素也会有所不同。为了提高城镇化—产业集群耦合协调度,必须对两个子系统的总贡献度进行对比分析,及早发现、提前干预并有效治理总贡献度低的子系统。

第6章,"城镇化与产业集群耦合对技术创新效率的影响研究",城镇化对技术创新存在着较为复杂的影响机理。从协同学看,城镇化和产业集群是区域中相互作用的两个系统,两者"耦合"作用表现为正或负反馈,前者相互促进,后者相互限制。理论上,两者的耦合度高,有利于创新要素的融合及协同,促进技术创新的发展。两者耦合度低,则反之。为此,本书在前一章构建的城镇化—产业集群耦合模型基础上,进一步采用GMM法实证城镇化与产业集群耦合影响技术创新的理论假设。以单一的城镇化率和产业集群作为考察对象,在研究中极易形成城镇化水平与技术创新效率无关的认识误区。本章的实证研究表明,区域内城镇化与产业集群之间的耦合水平将对技术创新效率产生影响。城镇化与产业集群耦合协调度提升会对技术创新效率产生正面影响,且不同行业受城镇化与产业集群耦合水平的影响效应也不尽相同。城镇化与产业集群耦合水平对于劳动密集型企业和技术密集型企业影响显著,特别是对技术密集型企业的影响程度较大,而对于资本密集型企业的影响较弱。因此,微观组织特别是技术密集型企业,在进行技术创新活动的区位选择时,须考虑城镇化与产业集群的耦合状态对其技术创新活动效率的影响。

第7章,"城镇化与产业集群耦合影响技术创新的效应解析:基于创新承载力视角",通过前面两章城镇化与产业集群耦合度的直观描述、耦合度与技术创新效率的实证检验可以看出,城镇化和产业集群两者之间的相互作用对技术创新产生影响及作用(存在性和差异性)。然而,前文所讨论的城镇化—产业集群耦合度对于技术创新之影响更多地体现为一个结果,而这个作用过程仍是一个"黑箱"。对于这个"黑箱"破解的关键,在于厘清城镇化与产业集群耦合发展对于区域创新承载力产生何种影响。一个城市的空间拓展和产业布局对于区域创新承载力影响巨大,从根本上看,城镇化与产业集群耦合发展优化了技术创新活动环境,提高了区域创新承载力。因此,本章以区域创新承载力为切入点,在对已有文献梳理的基础上,尝试构建区域创新承载力指标来刻画技术创新活动环境的变化,并以此为核心变量,基于江苏省13个城市的面板数据对影响区域创新承载力的主要因素进行计量,验证城镇化与产业集群耦合发展对创新活动环境的影响,为今后城市空间优化拓展与产业协调发展提供理论借鉴与决策佐证。

第8章,"主要结论、政策启示与研究展望",本章主要是概括全书研究的主要结论,指出进一步研究的方向,并以"最大化提升城镇化与产业集群耦合度"为指导思想,以"城镇空间优化—产业适度匹配—区域创新承载力提升"为传导路径,借鉴先进国家打造技术创新区域的成功经验,有针对性地从改善产业发展环境、提升城镇与产业耦合发展能力、集约生产空间、实现城市与产业功能融合等维度提炼出相应的对策建议。

1.3.3 研究的重点与难点

本书研究重点:如何融合相关理论知识构建城镇化与产业集群协同的理论框架,明确城镇化与产业集群耦合对技术创新的作用及其先决条件,并以此为支撑研究揭示城镇化与产业集聚两者关系对技术创新的影响机制(对区域创新环境产生何种影响)。此外,本书研究的难点在于:第一,如何结合城镇化和产业集聚的相关理论,构建适合城镇化与产业集群耦合发展的评价模型,并进行实证检验;第二,如何用一个统一的尺度来刻画城镇化—产业集群耦合效应对于区域创新环境的影响,并且基于计量模型验证并解释在特定的城镇空间内,技术创新的演进和约束条件是什么？

1.4 研究方法与技术路线

1.4.1 主要的研究方法

1.4.1.1 文献研究结合理论研究

本书充分借鉴国内外有关城镇化发展规律、产业集聚及演化的相关研究，结合产业经济学、经济地理学、创新地理学、协同学等相关学科知识，精心研读国内外相关文献，为研究方案的确定、关键概念的明晰、关键变量的定义、理论分析框架的构建提供支持。考虑到现有研究涉及城镇化对于技术创新的影响较少，因此，构建理论分析框架是本书的关键内容，也是后续具体研究的逻辑起点和重要基础。

1.4.1.2 模型推演结合实证研究

本书借鉴巴罗的内生增长理论，建立基于城镇经济体的一般生产函数，并以此进行模型推导广义技术进步函数，以数理分析方面明确产业集聚下，城镇化影响技术进步的先决条件；以系统耦合为研究支点，描述城镇化与产业集群协同发展对于技术创新的影响效应。相关假设必须通过实证检验才得以确认，因此，本书精心构建模型，运用《中国统计年鉴》《江苏省统计年鉴》《中国科技统计年鉴》《中国火炬统计年鉴》《江苏省分行业统计年鉴》及国家专利局相关网站数据，合理运用统计与计量工具，确保实证检验结果的稳定性和可靠性。

1.4.1.3 多维比较结合系统研究

本书将城镇化与产业集群视为两个复杂系统，两者在互相作用、相互交织中对区域创新环境产生影响。研究过程中始终坚持宏观与微观多维度结合，在实证中，分别针对不同类型企业（劳动密集型、技术密集型和资金密集型）纵深比较研究。此外，结合现实发展实际，对当前城镇化建设和产业集聚发展的一些经验和教训进行总结和对比,拓展理论研究的应用空间。

1.4.2 技术路线

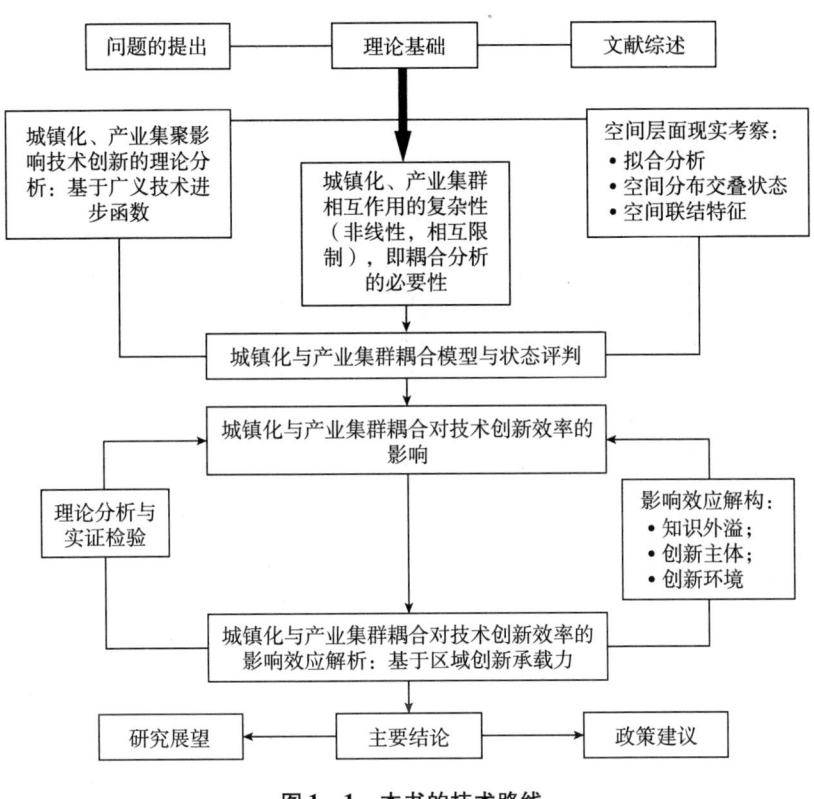

图1-1 本书的技术路线

1.5 可能的创新之处与不足

1.5.1 可能的创新之处

1.5.1.1 研究视角的创新

以往对于技术创新的研究主要停留在集聚外部性、创新系统和微观层面的技术创新影响因素，虽然外部环境对于技术创新的影响也得到学者的研究关注，但城镇化作为产业发展的空间载体，其对于技术创新的影响研究却较为鲜见。本书跳出仅仅从产业集聚层面研究技术创新的固有套路，借鉴创新地理学、协同学等相关理论，以城镇化与产业集群耦合效应为研究支点，探索性地研究城镇化与产业集群交互作用过程中对技术创新的影响效应，为优化城市空间、改善创新环境、实现产业转型升级提供新的战略视角。

1.5.1.2 研究内容的创新

虽然在理论研究上，一些学者提出了城镇化对于技术创新影响的理论说明，但城镇化对于技术创新的影响实证研究迄今较为少见。现有的研究中，往往局限于产业集聚层面对于技术创新的影响机制，在技术创新的空间研究上，城镇化与产业聚集是割裂存在的，更没有从两者相互作用对于技术创新的作用机理进行深入研究。本书立足于城镇化与产业集群空间交叠特征，从"产业—空间"层面分析城镇化与产业集群耦合对技术创新的影响。以耦合度为核心解释变量，计量其对行业和地区技术创新效率的影响，并进一步将区域创新承载力作为被解释变量，实证检验城镇化与产业集群两者耦合发展改善区域创新环境，提升技术创新能力的作用机理。

1.5.1.3 研究方法的创新

本书采用数理推演及实证检验相结合的研究方法。基于巴罗内生增长理论，本书构建产业集聚下城镇经济体的一般生产函数，推导出城镇经济体的广义技术进步函数，以揭示不同的产业集聚水平下，城镇化对于技术进步的影响逻辑，并对城镇化、产业集聚对于技术创新影响的"二重性"给出理论解释。借鉴协同学中的容量耦合系数模型，构建城镇化—产业集群耦合模型，建立城镇化—产业集群序参量指标体系，以刻画城镇化与产业集群两者相互作用的性质和程度。此外，以区域创新承载力为切入点，在对已有文献梳理的基础上，尝试构建区域创新承载力指标来刻画技术创新活动环境的变化，并以此为被解释变量，利用OLS、GMM法实证检验城镇化与产业集群耦合发展对创新活动环境的影响也是本书研究内容的一个亮点。

1.5.2 研究的不足

（1）数据选择与统计分析。理想的耦合问题实证研究，应该是基于城镇化与区域中微观产业层面的数据耦合，这样才有可能全面反映城镇化与产业集群的耦合状态及效应。但区域分行业统计数据往往是按照传统的行业细分标准进行合计，如果要将研究视角定位于更加微观的行业，则样本数据的获得难度较大。出于研究的便利性考虑，本书选取区域中具有代表性的产业集群。

（2）区域对象选择。城镇化与产业集群的耦合研究具有一定的相对地域性，多个区域的对比研究才具有现实意义。在国内东、中、西部，社会经济发展程度差异明显，城镇化进程不同步，产业集聚状态迥异。但如果以全国范围的主要城市为研究样本，其数据的可获得性和统一性难以保证。考虑到近年来，长三角，特别是江苏省的城镇化发展进程较快，产业集群在全国都很突出。同时，江苏省内部的苏南、苏中和苏北之间存在明显的发展差距，产业集群、城镇化以及整体经济发展水平从南到北依次递减，可在一定程度上反映我国地区发展存在的差距，因此本书将研究区域锁定在江苏省区域。

（3）缺乏更多具体的微观案例分析与深入调研。本书的实证分析主要是基于中观层面的研究，城镇化与产业集群耦合对于区域创新宏观政策、企业微观层面指导，尚需要更多地深入调研及微观案例的分析与支持。譬如，如何预判城镇化与产业集群将要出现的低耦合（负反馈效应），有何先兆或者特征作为预判指标，从哪些方面可以避免或者延缓城镇化与产业集群负反馈效应的出现。上述细化研究需要更加细致的调研及进一步提炼。

（4）研究中虽然提出了城镇化与产业集群耦合效应影响技术创新的特征性事实，也给予了实证检验，但对其作用机理缺乏相应的数理模型分析。对于区域创新承载力与耦合度的传导机制问题未能进行深入研究，这从某种程度上制约了实证研究的深度与广度，将是今后研究领域亟须予以重点关注的一个重要的研究话题。

第 2 章　理论回顾与文献综述

城镇化、产业集群与技术创新的关系是本书研究的主题。因此，本章回顾与本书相关的理论研究，系统梳理与研究主题密切相关的文献，特别是对城镇化及产业集聚理论的文献作细致整理，对技术创新的研究路径、研究重点迁移做出总体性描述。文献整理聚焦于一些争论性和前沿性的问题讨论，归纳总结近年来有关城镇化与产业互动融合、城镇化与技术创新、产业集聚与技术创新等方面的理论和实证研究成果，从而为本书理论分析框架的构建和后续的系列实证研究提供理论依据。

2.1　城镇化的研究轨迹及主要成果

自英国产业革命以后，城镇化成为世界各国发展进程中重要的经济和社会现象，并促使很多国家（地区）长期保持经济持续发展。随着工业化和现代化的不断深入，美日欧等发达国家在 20 世纪 60 年代先后完成了城镇化，欧美国家的社会经济形态也从传统的乡村社会经济转向以工业文明为主的现代城市社会。可以说，城镇化既是一个自然历史过程，也是一个经济发展进程，这一进程为学者提供了丰富的理论研究空间。国外学者较早对城镇化展开研究，涉及许多学科领域,涵盖众多方面。对于城镇化的发展进展、动力机制及对社会文化结构的影响研究是学者关注的重点,从人口迁移理论、区位理论、非均衡增长理论、结构理论、生态学派理论等方面进行的城镇化研究建树颇多。相较于国外,我国城镇化研究开展得较晚(这与我国城镇化进程相对落后有直接关系),直到20世纪80年代,著名学者费孝通提出研究小城镇问题的重要性,之后不同学者从城镇化规模、城镇化道路、城镇化机制、城镇化与经济增长、区域城镇化、新型城镇化等不同视角开展了更为深入的研究。总体来讲,城镇化的理论研究可以沿着城镇化的内涵、特征和影响因素进行系统的梳理和总结。

2.1.1 城镇化的内涵研究

城镇化的概念最早可以追溯至1867年,西班牙工程师Serda在其著作《城镇化基本理论》书中,首先使用了Urbanization这一概念,提出城镇与村庄最主要的差别在于,城镇是一定区域资源的集聚区,区域资源集聚是生产力发展和社会分工演变的结果。城镇实际上包含城市和集镇两个方面的内容。对于城镇的概念,学者们也从不同方面给予解读:从城镇的形成和发展看,城镇是经济社会发展到一定阶段的必然产物,是社会生产力、社会分工和社会生产关系变革的必然结果;从城镇的地位、功能看,城镇可以说是一个区域的经济、政治、文化发展的中心,城镇在整个经济社会发展中居于中心地位,在整个国民经济发展中起着主导作用;从社会学角度看,城镇就是具有相当大的面积和相当高的非农业人口密度的一个地域共同体。随着城镇化的推进,其与区域经济及城市发展的联系越发紧密,对于其内涵研究也在不断拓展和逐渐丰富。

2.1.1.1 人口城镇化、土地城镇化与经济城镇化

迄今为止,城镇化未形成统一的概念界定。由于研究角度的差异,城镇化概念的理解呈现出多样化的特征。西方早期关于城镇化的研究主要基于人口流动的现象,城镇化是农村人口向城镇迁移、集中并导致城镇人口比重上升的过程。随着世界各国经济的不断发展,关于城镇化的定义及内涵逐步成熟和完善。城镇化已经不再被局限地理解为非农人口的增长或者城市空间的扩张,而是被扩展为一

个集人口增长、空间优化以及经济发展的社会化系统过程,从人口、土地及经济等多维度的视角解读城镇化的内涵得到了普遍认可。

(1) 人口城镇化。城镇化的本质在于农村人口逐步转移成为城镇人口,并且在就业、生活、社会福利等方面与原有的城镇居民享有同等权利。人口城镇化的研究基于城镇与农村两部门的一般均衡为分析框架,Lewis(1954)建立了人口转移加速模型,认为由于农村与城镇存在工资差,即城镇生产部门的工资收入高于农村生产部门,城镇生产部门对于农村劳动力有很强的吸引力,农村劳动力会不断地向城镇转移,直到两个部门的工资达到平衡。在此基础上,国外学者的研究成果不断丰富人口城镇化的一般模型。Harris 和 Todaro(1970)在人口迁移模型中引入了就业概率,认为农村人口向城镇转移除了受到工资的吸引外,能否就业也是一个重要因素。Stiglitz(1969)则将效用函数引入劳动力迁移的决策模型中。理性个体是否愿意转移至城镇生产部门,取决于效应函数,劳动收入带来的效应超过因劳动失去休闲的效应,理性个体才会从农业部门转向工业部门。Brueckner 和 Zenou(1999)在前人模型的基础上,加入了一个土地市场,认为虽然工业部门的增长提高了获得工业的机会,但这也未必能提高转移人口的数量。其原因是,地租的随之增加降低了转移人口的预期效用。总的来看,以 Harris、Todaro 等为代表的西方学者主要从经济学的角度出发,通过构建农村—城镇的人口转移一般模型,揭示城镇化的一般规律及影响因素。

自 20 世纪 80 年代初以来,我国城镇化进程不断加快,农村人口向城镇转移从数量和涉及的范围都呈现愈演愈烈的趋势。城镇化过程中的人口转移问题逐渐受到学者的关注和研究,人口城镇化成为城镇化内涵的重要概念。具有代表性的观点有,城镇化是指农村人口向城市转移,农村人口大幅度减少、城市人口大幅度增加,还包括产业向城市聚集。期间,农村的生产力结构、生产经营方式、收入水平及结构、生活方式、价值标准、思想观念等与城市接近。人口城镇化是指随着工业化的发展,城市的功能逐步完善,对居民的吸引力不断增加,区域人口向城市持续集中,以及由此带来的对居民生活方式的种种影响。主要表现为:城镇人口占比增长;城镇居民生活水平和质量提高;对城市生活方式、现代文明的认可和接受程度的提高等。

以上学者对于城镇化的认识,体现了城镇化早期研究聚焦于人口迁移这一重要现象,分别从地理学、社会学、经济学、生态学等不同的角度对城镇化进行论述,都有一定的合理性。但西方早期城镇化研究存在着局限性,即这些关于城镇化概念的界定,虽然表述方式有所不同,但都停留在城镇人口数量变化这一表面层次,对于城镇化过程中,城镇社会、经济和文化等方面的深层次变化未能关注和有所体现。

(2) 土地城镇化。工业化的快速发展使大量人口迁移至城镇,其结果是城镇规模的不断扩大。为了满足城镇快速发展需要,农业用地通常以较快的速度转换为城市用地(土地用途转换),以缓解日益紧张的土地供给与需求之间的矛盾。土地作为重要的生产资料,在城镇化进程中扮演着极为重要的角色。土地在城镇化进程中,其用途、产权、结构等属性的变化也日益引起学者的关注。

陆大道和姚士谋(2007)首次明确提出中国土地城镇化速度过快,且明显快于人口城镇化的速度。土地城镇化研究开始得到国内学者的高度重视,并且作为独立的研究命题在学术界得到广泛回应。土地城镇化是由于城镇化的推进,土地性质及用途的改变,土地所有权由集体变为国有,土地利用形态向非农化转变,土地和房产实现快速升值,不同利益群体分享土地级差地租收益的过程。土地城镇化使城镇地域空间向农村推进,非城镇建设用地大量转化为城镇建设用地。土地城镇化侧重于城镇化的空间扩展和利用效率的提高,体现在土地用途的转换和资本的积累,其内涵不仅包括城镇化建成区的空间扩展,还包括单位土地面积资本投入增加,单位面积土地产出值的提高等。有些学者认为,土地城镇化与土地非农化本质上并不一样,土地城镇化是城镇化进程中土地从非城镇状态向城镇状态转变的过程,不仅限于农用地或者耕地的减少以及城镇空间的增长问题,还包括建设用地内部结构的调整。总的来说,土地城镇化的三个基本特征,即产权由集体所有变为国有、土地征收是实现土地城镇化的唯一途径、政府在土地城镇化过程中获益巨大,学者们较为关注城镇化进程中,土地性质的变动所引致的城镇空间扩张。

在土地城镇化过程的推动下，我国不仅实现了快速的经济增长，经济结构也发生了十分显著的变化。与此同时，学者们也关注到土地城镇化所产生的负面影响。在农用土地的性质和所有权发生转换时，地租提升给地方政府带来极大的经济利益，大量人口在就业需求还未形成时，就已被土地转换"裹挟"至城镇，被动完成了城镇化。地方政府为了经济利益而推动农地用途转换，开发区、新区、新城如雨后春笋般在各地涌现，城市建成区面积不断扩张使城镇化大规模、快速地推进，这种城镇化超出了非农产业发展水平，与产业演进的正常动因相悖，直接产生大量失地农民。城镇化本应以非农产业发展为动因，但在现行考核体系下，各地政府通常把城镇化视为实现政绩的有力抓手，推动农地向非农用途转换，导致城镇化脱离了产业演进规律而快速推进。过快的土地城镇化是一种低成本且低效率的城镇化模式，其发展在未来的可持续性已经变弱，未来如何通过改革，以提高土地使用的效率、优化土地使用结构尤为关键。

（3）经济城镇化。人口城镇化和土地城镇化是城镇化的重要内涵，两者都是从生产要素属性（空间迁移及所有权转换）变化揭示城镇化发展的一般规律。人口城镇和土地城镇化是一国城镇化水平的基本尺度。但城镇化作为伴随人类社会工业化和现代化进程重要的经济现象，仅仅从人口和土地的角度难以涵盖城镇化所引致的社会和经济结构的变化。因而，越来越多的学者主张从产业结构变化、经济模式转型和社会经济发展等经济活动层面的变化出发，多角度、多层次地理解城镇化的经济内涵。

经济活动具有一种空间集中的向心力。在外部效应驱动下，不同的企业、行业向城镇集中。经济城镇化实质是分工、专业化生产以及减少交易成本的结果，其最直接的推动因素是工业化。经济城镇化主要表现在经济总量的提高和经济结构的非农化，与此同时，产业集聚效应不断提高，在城镇中形成了新的经济集聚点和经济增长点，反过来进一步推动城镇发展。通过资源集聚和产业集聚，推动城镇数量的扩大和城镇体量升级是经济城镇化的结果。实际上，城镇化是区域社会经济过程的时空演化，它以人口集中、产业集聚和空间扩展为主要特点，并主要体现在人口、经济、空间和社会等方面。在城镇化过程中，经济发展是基础，人口变化与空间扩张是表现，社会生活水平的提高是最终结果和目标。

城镇化是经济要素向城镇集中，区域城镇经济比例逐步扩大的过程。因此，经济城镇化评价指标主要来自反映城镇经济的相关数据。比如，人均GDP、人均地方财政收入、第二产业、第三产业占GDP比值等经济指标是经济城镇化计量研究中常见的评价指标。与此同时，经济城镇化与人口城镇化、土地城镇化的关系研究得到学者们的广泛关注。许学强等（2001）指出，城镇化与经济发展之间存在一定的关系，对于不同地区，由于其所处的自然地理位置不同，以及经济发展程度的差异，即使在相同的人均GDP条件下，对应的城市化水平也表现出差异性，关键是两者之间的关系是否协调以及协调发展度如何。经济城镇化与人口城镇化之间存在明显的互动关系，在两者间相互联系、相互影响的基础上，经济城镇化更多地表现为因，而人口城镇化更多地表现为果。经济城镇化一方面，导致城乡收入差距扩大，从而吸引农业人口向城镇迁移；另一方面，城镇第二产业、第三产业对于劳动力的需求不断扩大，从而为农村人口提供了就业空间。

2.1.1.2 城镇化与城市化

城镇化与城市化都来自"Urbanization"这一外来词汇。在国外的研究文献中，"Urbanization"更多地被理解为城市化。国外学者对于城市化有一个基本的共识，认为城市化是农村人口向城市迁移的过程。比如，Simon S. Kuznets（1954）将城市化定义为城市和乡村之间的人口分布方式的变化。J. H. Hertzler（1956）认为，城市化是人口从乡村流入大城市以及人口在城市的集中。在国内，城市化理论研究兴起于20世纪70年代末。由于城市化过程复杂、涉及面广泛，它成为人口学、社会学、经济学、地理学、生态学等研究的课题。学者们更加关注人口转移过程中，人的生产方式和生活方式变化，经济布局和生产经营方式的改变，社会结构、组织和文化的变迁。城市化是在空间社区上人口、社会、经济、文化、政治、思想等领域变迁演化的一段承前启后的历史分化过程。

"城镇化"一词出现要晚于"城市化"。1991年，辜胜阻在《非农化与城镇化研究》中使用并拓展了"城镇化"的概念。在国内，对于城镇化与城市化这两个概念的界定在学术界有不同的看法。部分学者认为，城镇化与城市化仅仅是

Urbanization 的不同译法，这两个概念没有本质差别。镇是城市的初始形态，包含于广义的城市之中，人口无论转移到城镇或者是城市，都体现了社会的进步和生活方式的改善。因此城市化和城镇化两者并无实质性差别，只是后一术语更强调镇的作用而已。"城镇化或者城市化是指农村人口向城市转移和集聚，以及城市数目和规模不断增加和扩大的现象"。"城镇化是中国特色的城市化表述方式，目的是为了突出小城镇在中国城市化中的地位和作用。从世界城市化发展的一般规律看，城镇化与城市化的概念并没有本质区别"。也有不少学者提出相反的看法，认为不能把城镇化简单等同于城市化。洪银兴、陈雯等（2000）认为，城镇只是一个地域概念，城镇化强调农业人口进入城镇。单凭城镇人口比重衡量城市化水平是不完整的。城市不只是地域概念，市场是其基本功能。城市化要由人口流动转向功能提升，不仅包含城镇化的内容，更要突出其成为市场中心、信息中心、服务中心、文化教育中心的内涵，特别要关注其经济能量的聚集度和对整个区域的辐射力。随着城镇化研究的不断深入，学者意识到，城镇化与城市化既有统一性，也有区别。城镇化与城市化都是强调传统农村社会向现代化文明社会转变。但城镇化与城市化有一定的区别，这种区别就是强调实现传统农村社会向现代化文明社会转变的路径不同，城镇化强调在充分发挥城市带动作用的前提下，要充分发挥小城镇的作用，要走大中小城市和小城镇协调发展的城镇化道路。而城市化强调的是城市发展的带动作用，走的是主要发展大、中城市的城市化道路。

实际上，城镇化与城市化并非相互割裂的两个概念，两者的内涵一致，都是反映经济社会发展过程中，农业人口向城镇迁移，第二、第三产业在城镇中集聚发展，劳动者的生活方式、思想观念、价值准则和行为方式等方面都逐渐融入城市，是城乡资源、要素和生活方式的融合过程。城镇化与城市化的区别主要体现为这一融合过程在不同阶段、发展方式和路径的差异，两者分别代表了城市化进程的两个不同阶段。城镇化主要是指农村人口区域内的小城镇转移和积聚的"镇化"过程，强调农村人口由第一产业向第二、第三产业的职业转换过程。而城市化强调城市自身的不断完善过程，侧重点主要是以农村人口向大、中城市转移的

"城化"过程,即以现有城市吸纳农村人口,农村人口向现有大中城市的转移积聚、现有城市不断扩大的过程。城市的社会、经济和文化等发展水平往往较高,因而其对生产要素的集聚效应明显,在区域经济发展进程中,城市往往是区域城镇化的"领头羊"。使用"城镇化"还是"城市化",也是国内争论的焦点。虽然,在国家政策层面多次调整不同规模城市的发展政策,但相关文件仍主要使用城镇化的说法。本书认为,城镇化与城市化本质及内涵一致,因此不对两者做特别区分。基于产业集群的空间载体正逐步从大城市向中小城镇转移的现实,用城镇化的说法可能更加贴切。

2.1.2 城镇化的特征研究

从宏观的角度看,城镇化是一个区域经济发展和产业结构演变的过程,同时也是区域社会进步、社会制度变迁以及观念形态持续变化的过程。每个地区的自然禀赋与经济基础存在差异,使各地区城镇化的具体路径各不相同,因此城镇化的特征研究一直是国内外学者关注的重点。

由于欧美等发达国家早已经历了城镇化过程,城镇化发展水平较高,因此,近年来,国外关于欧美等发达国家城镇化特征的研究更注重可持续发展,城镇化测量工具更注重多视角。比如,Portes(2005)研究发现,南美洲城镇化发展伴随着城市失业和非正式就业、贫穷和不平等、犯罪和城市不安全等;Murakamia(2005)、Hara(2005)等研究发现,东南亚主要城市城镇化受土地因素影响较大;Fanni(2006)认为,中东地区城镇化发展受当地政治局势影响较大;Potts(2009)指出,非洲城镇化发展水平在世界上一直处于滞后状态,这与其国家发展阶段和政治局势有关。

城镇化涉及人口从农村向城镇迁移、农村和城市土地转化、空间资源的重新分配、政府治理的转变等。在我国,城镇化不但具有普遍性也有其特殊性,它是在"双重转型"背景下进行的,具有"双重城镇化方向",体现"双重动力机制",表现为"双重发展模式"和"双重推动主体"的城镇化。我国城镇化的本质是实现现代化的内生过程。同时,我国城镇化的另一特点是同时受国际和国内双重条件约束，这也使近20年来中国城镇化的关注点主要集中在政府、经济结构及其相关政策上。从发展阶段看，我国总体处在城镇化前期阶段，部分地区进入城镇化后期阶段。从空间分布来看，城市主要集中在东部、东北与中部省份；从城市规模看，呈现自东向西逐步递减态势。就发展动力而言，造成东西部城镇化差异的原因在于不同的产业组织形式，具体表现在东部中心城镇因为"企业集群"而具有发展动力，而西部则缺乏这种动力。城镇化与城市扩展不同，城市扩张是以土地为中心，在没有改变社会和经济的基础上，通过扩张城市人口推动城镇化发展。而我国的城镇化速度脱离了循序渐进的原则，忽视了质量与可持续发展，存在着以城市扩张代替城镇化的现象。城镇化总体呈现泡沫化倾向。我国的城镇化出现了三个矛盾：城镇化速度高但城镇化特征低；脱离农村的人口多但得到市民身份认同的少；新增城市数量多，但不蕴含乡村特征的城市少。Li和Zhao（2003）将这种城镇化滞后定义为，是在工业化率高增长的同时却没有相应的城市人口增长。实际上，这种滞后是一种相对的滞后，突出的问题在于城镇化质量、效率和均衡性，这还应当进一步提高。

  人口迁移是城镇化的主要特征。因此，在城镇化的研究中，人口问题是必不可少的内容。从一定意义上说，城镇化发展的直接结果是人口向城镇集中，城镇人口比重上升。世界各国城镇化发展的实践也证明，城市和小城镇的兴起及成长一直与人口的空间运动相联系，城市和小城镇的各项发展无不以人口变动为转移，无论是景观的城镇化，还是文化意识的城镇化，都是以人口的城镇化为基础的。城镇人口总量及其与总人口比例的增加，从一定程度上反映了城镇化水平。从人口流动和人口素质看，城镇化水平是产业结构调整的结果。随着经济结构调整和经济快速发展，农业劳动力将逐步向其他产业转移。同时，农业发展为城镇化提供农业剩余，为第二、第三产业提供劳动力，形成人口城镇化的"推力"；第二、第三产业较高劳动生产率吸引劳动力和其他资源流向非农业部分，形成人口城镇化的"拉力"，在两种力量的作用下，大量劳动力资源涌向城镇，导致城镇人口比重快速上升。在城镇化进程中，由于我国幅员辽阔、地理条件差异和经济发展不平衡等原因，城镇人口发展也具有显著的地域性和区位性。由于受经济和家庭因素影响，人口迁移流动呈向东部沿海聚集的趋势，人口大量的迁移造成了"中部塌陷"现象。我国省际流出人口多数来自中西部的欠发达省份，人口迁移则多数流向珠三角、长三角和环渤海等经济发达区域。

2.1.3 影响城镇化的因素研究

城镇化是一个区域经济发展和产业结构演变的过程，同时也是区域社会进步、社会制度变迁以及观念形态持续变化的过程。这一过程并非一蹴而就，而是多种因素相互交织、共同作用的结果。对于城镇化的影响因素是城镇化的一个主要研究内容，学者们多数从经验分析的层面对城镇化的影响因素进行分析、归纳和总结：

（1）经济因素。城镇化的发展是各种资源要素空间集中的过程，经济活动所产生的向心力是导致要素集中的主要原因。城镇化实质是分工、专业化生产以及减少交易成本的结果，其最直接的推动因素是工业化。一方面，工业化加强了国际贸易与城镇化的联系，刺激了对非农产业的需求，推动了城镇化快速发展；另一方面，工业化所引致的分工和专业化都不同程度地提高了企业生产效率，这一结果有助于推动城镇化发展。就我国而言，规模效率影响着社会城镇化率，资源配置效率则影响着人口城镇化效率和经济城镇化效率。Fu等（2011）研究发现，生产力随着城市规模扩大而提高，但增速递减。虽然城镇化是工业化的结果，但我国存在城镇化超过、匹配和落后于工业化这三种情况，而匹配的情况比较少见或是比较短暂。

除工业化对于城镇化的推动外，经济全球化也在深刻影响着城镇化机制。自由贸易的加强、开放边境地区等造就了许多大型的城市中心。现代服务业的发展也是城镇化发展的推动因素。Ren和Sun（2012）解释了北京艺术区如何推动艺术城镇化。而上海市研发产业与城镇化存在长期的均衡关系，研发产业是上海城镇化的Granger原因。然而，值得关注的是，城镇化和服务业发展"双重滞后"现象在我国并不鲜见，其原因在于交易效率长期处于低水平演进状态而导致的"分工刚性"。

(2) 政治因素。Henderson 等（2007）提出，城镇化发展受到来自政治、经济和社会多方面的影响。Davis 和 Henderson（2003）研究认为，政府部门对于城镇化的影响起关键作用，城市集聚更多受政策方面的影响。通常而言，地方政府对于城镇化的影响主要表现为，地方财政预算对于交通建设、科学事业和教育事业的支出水平。从交通角度看，如果交通成本缓慢降低，经济活动倾向于向拥有大规模土地的区域集聚；如果交通成本大幅度下降，会导致经济活动倾向于向仅拥有少量土地的区域集聚（Kondo，2004）。可以认为，城镇化水平与交通网络连接度的线性关系是成立的，这意味着城镇化过程与交通网络的发展互为因果。从教育角度来看，谢童伟和吴燕（2012）研究显示，我国城市教育水平与迁入及迁出也均呈现反向作用关系，而县教育水平与迁入及迁出均呈现正向作用关系。在国家范围内，Andersson 和 Quigley（2009）认为，高等教育资源的分散化有助于区域的创新及城镇化的分散化发展。

(3) 人口因素。城镇化的一个主要表征是人口向中心城镇迁徙，在该过程中，城镇能否"留得住人"、打消农村进城务工人员的"过客心态"成为衡量城镇化发展质量的一个考核指标。依靠产业集聚引导人口集聚，才能够更好地推进城镇化高质量发展，发挥城市专业间的集聚效应。相较于行政规划，Kilinc 和 Gulersoy（2011）认为，人口因素在决定城镇化水平中起到更重要作用。然而，更多的实证表明，人口对于城镇化的影响呈现出倒"U"形影响曲线，当城市人口超过 200 万人时，城市规模效应为负。等值的人口增长率对我国城镇化水平提高的限制作用却大于等值的经济增长率的推动作用。值得一提的是，当许多大城市的主要功能区域已经联合形成连续不断的城市地形时，这种联系并不起太大的作用，尤其达到 85% 的人口城镇化后，意味着城镇化过程基本结束，传统的分析工具不再适用。

迄今为止，学者们对于城镇化的影响因素研究已经做得较为细致，实证方面的研究颇多且对于理论研究做出了进一步验证。总体来说，城镇化的发展离不开经济层面因素的促进（或者限制），但同时也受到区域政策、社会、人口等多重因素的交织影响，因此，导致其呈不规则和非线性式的发展轨迹。学者们普遍接受的是，工业化是城镇化的主要影响因素及重要推手。因此，立足于现存的空间规划，以市场为中心，通过政策适度引导，建立一个产业与人口适度匹配、更加均衡的城市发展模式是城镇化可持续性发展的必由之路。

2.1.4 城镇化的影响研究

城镇化是伴随着人类社会现代化和工业化的重要现象，其发展过程中引致人口迁移、要素集聚、生产方式和生活观念转变等一系列深刻变化，也必然对其内外部环境产生重大影响。学者们在研究城镇化的内涵、进程和影响因素之时，也逐步意识到城镇化进程对于环境、利益相关者及其他方面的影响。

2.1.4.1 城镇化对自然环境的影响

城镇化一个最直接的影响是其发展所引发的环境问题。显而易见的是，城镇化导致建设用地增加、农业用地减少的问题，生态环境在快速城镇化的过程中，面临严峻的压力与挑战。贾铁飞（2006）研究显示，上海西南快速城镇化地区建设用地不断增长，农田面积持续减少。黎治华（2011）也发现，上海城镇化规模的不断扩大导致植被覆盖率持续降低。城镇化是环境污染的主要因素之一。城镇化是不是农业用地减少的主要原因，学者们的认识并不一致，造成耕地减少的主要原因并不一定是城镇发展，而是农业内部结构调整的结果。

从某种程度上讲，城镇化是对环境的改造，使之适用于人类集聚及生产生活的需要。随着人们对生态文明建设重要性认识的不断增强，城镇化对于生态环境的影响引起学者极大的关注。其中，大气污染是城镇化发展无法回避的一个现实，城镇化进程中，二氧化碳、氮、温室气体的排放显著增加，且排放水平与城市人口的消费水平呈显著的正相关关系。同时，城镇居民人均消费完全排污系数远大于农村居民，城镇化率与工业化学需氧量、工业二氧化硫排放分别呈正相关。城镇化对气候也造成了影响。城镇化使区域地理资源环境及气候条件发生变化，包括温度、风速、露水、湿度和臭氧的集聚程度都发生了不同程度的改变，也进一步对于栖息于其中的动植物产生负面影响。除了大气环境的改变，城镇化对于土地使用方式的变化也对土地生态产生负面影响。城镇化进程中，另一个直接的后果是土地碎片化,使农田利用率下降,土壤质量损失严重。城镇化造成地形在生态上更加破碎,组成更加复杂和地理化(Buyantuyev et al.,2010)。

2.1.4.2 城镇化对于经济发展的影响

自城镇化成为学术研究热点起,其发展进程中对于经济发展的影响就是其研究的一个重要内容。学者们主要从生产率、外部投资、能源需求和要素价格等方面展开城镇化影响经济的理论与实证研究。Kumar 和 Kober(2012)研究发现,城镇化显著影响全要素生产率,而教育对全要素生产率的影响并不显著。Hsiao 和 Shen(2003)认为,在 FDI 中城镇化等无形因素也是影响投资项目成本收益核算因素。对于食品、粮食和能源,城镇化也产生不同程度的影响。普遍的观点是,城镇化减少了农业人口数量,粮食产出减少会导致食品及粮食价格上涨(Jesper et al.,2010)。城镇化使能源和房地产的需求不断扩大,城镇化率与房地产价格呈现显著的正相关(Chen et al.,2011;Jiang & Lin,2012)。Renski(2011)研究结果显示,工业化对新企业的建立有正向影响,而城镇化对知识密集型行业的影响呈现规模不经济。

2.1.4.3 城镇化对社会发展的影响

城镇化是农村人口向中心城镇迁移的过程,也是人口在城镇中的重新集聚,在这一过程中,由于人口结构急剧变动,城镇居民的收入水平及结构、生活方式、价值标准、思想观念等都可能发生巨大变化(朱林兴、孙林桥等,1996),城镇化对于社会发展的诸多层面都产生深刻影响。劳动力在城镇的重新集聚,给城镇社会带来巨大变化的同时,也让民族关系更加复杂(陈智慧,2011)。宗教群体的规模,宗教文化的影响也在发生改变(Steinhoff,2011)。Akita 和 Miyata(2008)研究了城镇化与教育不公平,认为城市部门拥有接受高等教育的群体,增加了全体不公平程度,而且这种不公平也与城镇化伴随的城乡之间的差距越来越大有关。Henderson(2003)指出,城镇化本身不是经济增长的刺激因素,但城镇化的模式或城市集中度在很大程度上影响着生产率的增长。Duijsens(2010)研究了城镇化面临的人道主义挑战问题。

总体来看,对于城镇化的研究,无论是从其内涵、特征还是影响因素,国内外都积累了丰硕的研究成果。城镇化理论研究视角在不断丰富，其实证研究的普遍化和方法应用的多样化，都充分说明了城镇化是一个复杂的系统过程，对城镇化的研究应是多视角、全方位的，这也说明对于城镇化的研究日趋规范与深入。

2.2　产业集聚的国内外研究及评述

产业集群①作为经济发展过程中的一种产业组织形态，是很多发达国家（地区）经济持续增长的动力源泉。作为一种世界性的经济现象，产业集聚为国内外学者提供了广阔的研究空间和丰富的研究题材。从新古典经济学时代开始至今，产业集聚的这一研究热潮从未衰退，与集聚理论相关的研究成果不胜枚举。

2.2.1　国外研究及评述

2.2.1.1　新古典经济学的观点

作为新古典经济学派的代表人物和奠基者，Marshall（1890）以收益不变和完全竞争假设为前提，指出外部经济包含三种类型：专业化的劳动力池、市场规模扩大带来的中间投入品的规模效应、信息交换和技术扩散而带来的知识外溢效应，由此外部经济型成为解释产业集聚成因的主要理论。随后，Pigou（1924）等众多学者对外部经济型理论作了补充和发展。具体而言，区位、自然禀赋或是历史偶然因素这类外部性条件对企业在地理上集中的主要原因，它们通过循环累积效应将企业"锁定"在特定区域内，形成产业集聚。其中，劳动力市场共享因素是造成产业集聚的基本因素。而知识溢出这类外部性则同时扮演着产业集聚

---

① 由于世界上产业集聚区域较多，研究学者众多，我国学者在引用或翻译时使用了如下概念："企业集群""区域产业群""产业集群"等。本书认为这些表述并未改变产业集聚的本质，所以未对概念进行细分。

的原因和结果（因为溢出效应的空间递减规律）。根据知识溢出发生于地理上集中的同一产业企业间还是不同产业企业间，又可将外部性分为专业化外部性（Marshall 外部性）和多样化外部性（Jacobs 外部性）。

2.2.1.2 区位理论、空间经济学的观点

产业集聚理论的一个研究重点在于产业在何处集聚，这也是产业区位理论及空间经济学的研究重点。最早在经济学层面对区位展开研究的是德国经济学家冯·杜能（Von Thumen，1826），其在考察一个均值空间内城市距离与农业生产方式的关系时，提出地租是农业生产方式选择的决定因素。德国经济学家韦伯（Alfred Weber）于 1909 年出版了《工业区位论》一书，标志着继杜能之后，区位理论研究迎来了韦伯这一奠基者和引领人。韦伯对于区位理论的重要贡献是首次用集聚因素全面解释了产业集聚的原因和机理，其将影响工业区位的经济因素称为区位因素，区位因素是特定产业的生产和经营活动发生在某个特定区域所获得的与其他区域相比的优势。韦伯认为，工厂最佳区位主要由三个区位因子所决定：运输成本、劳动力成本和集聚经济（由集聚本身导致成本节约而将工业导向某一区域，第二次引起工业再分布的因素），而这三个因子也正好印证了韦伯在构建其工业区位论时所提出的运费指向论、劳动费用指向论和集聚指向论（三个阶段）。韦伯工业区位论的核心思想或最大贡献是，成本最小化是导致集聚的最根本原因，因此，对特定产业（企业）而言，必须将上述三个区位因子进行组合，从而使企业成本最低。此外，廖什、艾萨德、格林哈特等先后对工业区位论进行了全方位的补充研究。以韦伯为首，上述学者的系列研究在一定程度上解决了 Marshall 外部理论存在的不足，而且运输费用成本研究也为后来新经济地理学的兴起奠定了一定的基础。

2.2.1.3 "增长极"理论

"增长极"理论由法国经济学家佩鲁（F. Perroux）提出。F. Perroux（1955）指出："增长并非同时出现在所有地方，它以不同的强度首先出现在一些增长点或增长极上，然后通过不同的渠道向外扩散。"其从技术创新与扩散、资本聚集与输出、规模经济效益、集聚经济效果四个方面论证了现实中的经济增长通常由

一个或数个"增长中心"向其他部门或地区传导（类似于磁场内部运动在磁极最强这一非均衡规律）。后来，在一些学者（Boudeville，Friedman，Myrdal，Hirschman，Parr et al.）进一步研究的基础上而得到完善与发展。从20世纪60年代开始起，人们对增长极的研究主要沿着产业增长极和空间增长极两条主线展开。该理论认为，增长极在地理空间上表现为一定规模的城市，存在推进性的主导工业部门和不断扩大的工业综合体，可产生扩散效应和回流效应。增长极对所在区域所产生的极化作用和扩散作用，是区域经济运行的作用机制和区域空间的组织过程。在增长极理论框架下，经济增长可认为是一个由点到面、由局部到整体依次递进的系统，其物质载体涉及各类城镇、产业、部门、新工业园区和经济协作区等。但是，"增长极"的形成是存在前提条件的，也就是说，这些条件可以用来解释为什么有些地方会成为经济中心，而有些地方则成为外围地区。佩鲁认为以下几个条件值得关注：存在有创新能力的企业和企业家群体；具有规模经济效益以及适当的周围环境。第一个条件表明要素禀赋的差异性，第二个条件则是形成经济中心的前提，良好的外部环境则是形成经济中心的必要条件。在"极化"研究中，另一个值得重视的学者是缪尔达尔，其提出的"循环积累"理论是对"增长极"的理论的重要补充，循环累积因果理论认为最初的偏离产生的影响作用使这种偏离得以强化，离最初的状态越来越远。产业集聚地凭借着循环累积因果因素（内部和外部）使产业集聚水平螺旋式上升趋势，这样不发达地区要素向发达地区流动和贸易的结果是发达地区形成增长极，产业大部分集聚在发达地区，而不发达地区越来越穷。应该说，循环累积因果理论不仅非常生动地刻画了工业集聚的过程，更重要的是，它还在很大程度上从机制方面揭示了工业集聚的本质，在生产要素流动、产业关联、技术创新等诸方面为我们理解集聚机制及经济增长提供了重要思想来源。

2.2.1.4 新经济地理学的观点

"新经济地理学派"作为国外对于产业集群研究的代表性群体，对于产业集聚的原因、路径、集聚条件下的区域竞争、区域表现都进行了诸多研究。这些研究进一步增强了产业集聚的理论解释力。新经济地理学派的代表人物克鲁格曼将区位理论与贸易理论相结合,建立了"中心—外围"模型,强调地理空间对于产业集聚的重要影响,认为产业集聚原因在于外部性和空间集聚引致的贸易成本下降。同时,克鲁格曼对于产业集聚中路径依赖问题也给出相应的理论解释。新经济地理学提出了不完全竞争市场结构下的规模报酬递增模型,分析结果表明,一个经济规模较大的区域,由于前向和后向联系,会出现路径依赖,表现为一种自我持续的制造业集中现象,路径依赖成为产业不断集聚的推动力。"新经济地理学"的积极意义是它超越新古典经济学,解释了不完全竞争在空间集聚中的作用。其存在的主要问题是将经济活动的复杂性简化为纯粹经济因素的分析。另外,新经济地理学的分析逻辑起点在企业运输成本,而对运输成本不敏感的一些行业,新经济地理学的解释力度就比较欠缺。

2.2.2 国内研究及评述

国内产业集聚的相关研究始于20世纪80年代,而系统性的产业集聚直到20世纪90年代才逐渐形成。总体来看,国内产业集聚的相关研究主要从以下三个方面展开:

(1) 对国外产业集聚理论的阐释和拓展。如梁琦(2004)扩展了克鲁格曼的"中心—外围"模型,认为产业集聚的原因包括历史和偶然性事件、累积循环的自我强化机制和预期三个方面。其研究深入剖析了影响产业集聚的几个因素,主要包括运输成本、规模经济、外部性以及市场关联和贸易成本等。蔡宁等(2002)基于波特的集群竞争优势理论,指出产业集群作为一种中间组织形式构成了一个新的竞争单位,其竞争优势在于资源禀赋和对资源的整合能力。王缉慈(2003)从韦伯的工业区位理论入手,综述了基于纯经济学和传统经济地理学的集聚理论,介绍了新产业区理论,并分析比较了几种代表性的产业集聚理论。苗长虹等(2002)介绍了经济地理学中一个新发展方向——"制度主义",论述了其出现的背景、特点、理论根源、发展脉络与政策导向,并重点分析了产业群与支持政策,指出产业政策的实施,更多的是改变资源与利益在不同部门和集团之间的再分配,而对提高一国或地区的整体福利水平,并没有确定性影响。

(2) 对产业集聚的基本概念、形成机制和动力机制等方面的理论分析。仇保兴（1999）是国内较早开展产业集聚系统性研究的学者之一，其研究从历史和现实、理论和实践等维度分析企业集聚的内在机制与外部条件，其将企业集群定义为为了有效避免市场失灵和内部组织失灵，一群具有自主独立且又相互关联的企业依据市场分工和协作而建立的一种中间性组织。王缉慈（2003）从经济全球化和本地竞争优势的角度出发，分析了产业集群的概念、形成因素、发展机制，以及企业集群的创新问题。盛世豪（2002）在对产业群的定义、特征、分类等进行综述的基础上，着重研究了产业群发展的机理，认为产业群将中小企业与区域产业重组有机结合起来，具有高效率、有效性和灵活性的优势，是区域竞争优势的基础。李小建（2000）提出以形成时间、规模、部门结构、联系程度和根植性五个因素作为判别产业区的定性或定量指标，并在个案研究的基础上，证明了偶然因素对产业群的形成与发展产生了重要影响。

(3) 产业集聚理论下的经验分析、实证及对策研究。经验分析与实证研究相结合是国内产业集聚研究的主要特点，从应用层面看，此类研究结果往往具有较强的现实和指导意义。如徐维祥（2001）采用聚类统计分析法，对浙江省的块状经济进行深入分析和研究，探讨了浙江省产业群地理空间分布特征，并分析了这些产业集群的成因差异。池仁勇（2001）分析并总结了意大利产业集群的成因及特征。贾根良（2001）等通过对丹麦和芬兰家具业发展的分析，强调学习与持续创新是传统产业通过地理集聚获得全球竞争的关键因素。谢立新（2005）分析了泉州市产业集群的成长机制和竞争优势。朱华晟（2003）围绕浙江省产业集聚现象（诸暨大唐袜业群、嵊州领带产业群、宁波服装产业群），探讨了浙江省产业群的特征、演变趋势与发展动力。范剑勇（2004）利用两位数水平的制造业数据，实证分析了我国1980~2001年专业化和产业集中度的变化，得出改革开放以来我国地区专业化和市场一体化水平均有所提高，且我国东南沿海地区已成为制造业集聚的主要地区，制造业集聚呈现出明显的"产业高集聚、地区低专业化"特征。袁晓玲等（2008）基于CES函数对比分析了成都市和西安市产业集聚的经济效应得出两地均呈现集聚不经济状态，其中西安市呈现产业集聚规模经济递减,成都市呈现产业集聚先高后低特征。雷鹏(2011)深入研究了制造业集聚与区域经济发展之间的关系,得出电子及通信设备制造业集聚与工业产值之间呈现高度正相关,其他制造业与工业产值之间也呈现较强的正相关性。袁海红等(2014)选用DO指数测评了北京市不同行业的产业集中度,发现北京市高技术行业集聚度较高,低技术劳动密集型行业较为分散,小企业是集聚的主体,而大企业则是北京市产业集聚的主要推动力。万晓(1999)关于上海市工业空间集聚体的实证研究等,可以看出产业集聚的实证研究研究成果不胜枚举。

综上所述,国内关于产业集聚的研究对于产业集聚的形成机制、集群特征及影响做出了进一步的解释。但是,多数研究仍然在区域经济学与经济地理学的范畴之内,主要借鉴了国外的相关理论。现有的研究成果,无论是在理论上还是在方法上都未有明显的创新之处。大多数研究聚焦在集群的形成机理、竞争优势及经济影响,而未将产业集聚放在更广泛的层面进行考量。比如,目前的集群研究基本锁定在集群内部的研究视角,对于产业集群外部空间结构、空间运行机制等方面的研究较为鲜见。再如,在探讨集群对地区经济发展的作用时,只关注集群"正外部经济性",而很少关注集群"负外部经济性"。随着集群研究不断深入,产业集聚在时空布局中如何演进、与空间载体的如何作用(相互促进或者限制)都是可以进一步研究拓展的问题。

2.3 城镇化、产业集群与技术创新关系研究及评述

2.3.1 城镇化与产业集群关系的研究现状

目前国内外学者研究城镇化、产业集群方面的论著已经很多,研究得相对深入,但研究城镇化与产业集群互动发展的文献相对较少,国外学者主要在区域经济学、新经济地理学、古典与新古典经济学的分析框架下对两者关系进行研究。

其主要支持理论包括外部经济理论、增长极理论、二元结构理论、循环积累因果理论、人口迁移理论、中心地理论及中心—外围理论等。其中，具有代表性的如马歇尔认为，产业为了获取外部规模经济而在特定区域集聚，客观上促使城镇产生和发展。缪尔达尔的循环积累因果理论认为，在经济发展中，城镇化具有循环累积的性质和作用，城镇化的发展取决于工业化和经济增长水平，而城镇化也是工业化和经济增长的重要驱动力量。埃德温·米尔斯和布鲁斯·汉密尔顿提出城市形成模型，可以说是关于产业集群和城镇化关系的一个较为系统的概括。城镇化发展的动力主要来自产业的区位选择以及生产的集聚会带动人口集聚，人口集聚以及相关的经济活动会带来积极效应，也就是集聚经济。集聚经济又会促进经济活动以及人口集聚，这就是城镇化的演进过程。

我国学者对城镇化与产业集群的关系研究更多的是侧重于微观层面，如曹广忠（2003）对山东省、浙江省小城镇的调研指出，产业集群可以促进小城镇可持续发展。徐维祥等（2005）则认为，产业集群与城镇化互动关系明显，产业集聚与城镇发展可总结为三种模式，即专业市场模式、政府主导的开发区建设模式、外商投资模式，并认为产业集群与城镇化互动发展具有地域性、普遍性、多样性的特点。赵昕（2007）运用面板数据模型对中东部10个省份产业集聚和城镇化互动发展进行了实证分析，认为必须准确把握产业集群与城镇化之间的互动规律，缩小中东部地区的差异，促进城镇化水平的提高。刘湘辉、孙艳华（2010）认为，中小企业集群与城镇化耦合发展已成为现当代区域经济发展的亮点、增长点。鲁德银（2011）的研究在一定程度上解释了产业集群条件差异对农村城镇化的影响，并提出城镇化的发展战略是培育和促进乡镇产业集群持续快速发展。陆根尧等（2011）对浙江省产业集群与城市化互动发展进行了实证分析，结果表明，产业集群与城市化之间存在着显著的相关性，两者互动发展已成为区域经济发展的强大动力。杨仁发、李娜娜（2016）采用系统广义矩估计方法，利用面板数据模型对制造业集聚和服务业集聚对城镇化的异质性影响进行了实证分析，结果发现，我国制造业集聚对城镇化发展起主导作用，服务业集聚对城镇化促进作用不明显。

总体来看，城镇化与产业集群关系研究还处于理论探索阶段，并未形成完整的理论体系与研究规范。学者们对于城镇化与产业集群两者相互作用的研究表述莫衷一是。国内虽然一度出现过产城融合研究的热潮，但研究的方法和视角都较为单一（如城镇化水平大多采用城镇化率这一单一指标进行计量，难以反映区域城镇化的真实情况），实证研究侧重于对既有理论和经验的常规验证，而对于城镇化与产业集群互动机理、作用性质和程度都缺乏创新性的理论思考与总结。

2.3.2 产业集群与技术创新关系的研究现状

创新理论自开始就已经与产业集聚联系在一起，创新理论的奠基人熊彼特发现并提出了集群创新现象："创新并不是孤立的，它们总是趋于集群，成簇地发生。成功的创新首先是一些企业，接着是更多灵敏的企业会紧随其后；创新也不是随机均匀分布的，它总是集中于某些部门及其邻近部门"。马歇尔的外部性经济理论解释了企业在特定区域集聚有利于知识的溢出与扩散；韦伯从区位理论解释产业集聚效应引致创新溢出和知识转移；巴顿、波特等则将企业集群纳入竞争优势的分析框架中，从集群竞争优势角度理解企业集群与创新的联系。随着企业集群理论研究的不断深入，特别是20世纪90年代后，更多的学者关注集群创新现象。目前，对企业集群创新的研究主要集中在以下几个方面：

2.3.2.1 企业集群创新动力机制

国外学者对于集群创新动力机制研究主要可分为三类：①对集群创新的生成动力研究。Marshall（1890）从外部经济的角度、Allen Young（1928）从"规模报酬理论"的角度、Hoover（1937）从"集聚体"的规模效应、Krugman（2002）从规模效应递增的角度对企业聚集的创新动力进行诠释。Brown（2000）则提出市场力量是企业集群创新的原始动力。②对集群创新的发展动力研究。Saxenian（1992）基于对硅谷的研究认为良好的社会交往环境有助于新知识的产生与传播；Enright（1996）基于Marshall的外部经济理论，进一步提出劳动力池和知识外溢推动了企业集群创新的发展。Best（2001）认为，企业集群创新的发展动力可以集中专业化、知识外溢、技术多样化和水平整合及再整合。国内学者魏守华（2002）在 Best 研究的基础上，对集群创新的几种动力进行了整合。总的来看，上述学者的观点都是基于 Marshall、Piguo 等为代表的新古典经济学进行的理论拓展。③建立在生命周期理论上的创新动力研究。具有代表性的是奥地利经济学家 Tichy（1998），其研究借鉴了弗农的生命周期理论，从时间维度阐释了产业集群创新的演进过程。

2.3.2.2 企业集群创新扩散与溢出机制

Marshall 最早关注到企业集聚过程中的知识溢出效应。基于外部经济性的技术创新扩散研究成为企业集群创新研究的一个重要内容。根据对知识概念的不同理解，基于知识溢出与扩散的集群创新研究可分为三个视角：

其一为"溢出与集体学习视角"。该视角的研究包括三大学派，即新马歇尔主义经济学派，以意大利的产业区学派为代表；经济地理学派，以法国的创新环境研究小组（GREMI）学派和英国的地理学派为代表；"新创新经济"学派。新马歇尔主义学派对于知识的理解与马歇尔保持一致，认为知识是"空气中自由传播"的公共产品，其扩散的主要形式是技术创新活动"溢出"效应。与新马歇尔主义关注集聚不同，经济地理学派更多的是关注地理与区位维度，如 Capello（1999）认为，知识扩散由于地理邻近性、信任关系与地方社会文化背景的同一性而变得容易。新马歇尔主义学派和经济地理学派的研究方法，虽然高度关注了知识资源对于技术创新的重要性，但研究视野都聚焦在学习的溢出效应上，将企业学习过程视为一种"黑箱"。对于知识溢出与创新的因果关系也未进行更深层次的研究。在这个方面，"新创新经济"学派的研究是一个有益的补充。"新创新经济"学派做了大量的经验性分析以支持地方化溢出与创新之间的相互关系（Audretsch & Feldman，1999）。Jaffe（1989）、Fledman（1999）利用知识生产函数、专利应用作为分析工具，经验性地验证了知识基础设施使知识溢出更多地产生创新性成果，地理相近性对于创新的影响在产业生命周期不同阶段表现有所不同。地方化对于创新的重要性取决于创新活动的种类、产业生命周期所处的阶段以及地区范围内创新活动的构成。"新创新经济"学派的研究验证了地理因素、产业周期与知识溢出效果的因果联系，但并未能进一步揭示知识溢出在地理层面的实现机制，对于集聚过程中，知识的生产与扩散过程解释力十分有限。

其二为"新熊彼特主义Ⅰ"视角。该视角最大的贡献在于认识到隐性知识与可编码知识的重要区别。Lundvall（2011）认为，隐性知识并非像新马歇尔主义所认为的像"自由的空气"那样容易获取，不能视为公共产品。Belussi F.，Pilotti L.等在意大利的创新产业区进行研究后，认为隐性知识是异质性资产，主要在企业内部长期积累，难以模仿、不易传播。在经济全球化背景下，根植于本地的隐性知识是参与全球竞争的关键资源（Archibugi & Lundvall，2002）。"企业知识可视为一种不能完全传递的产品，知识在特定地区的积累是地方产业系统演进的基础"（Gottardi，2000）。"新熊彼特主义Ⅰ"视企业为技术能力积累的主体，并且认为新知识的生成过程是互补性知识组合的结果，是地方化隐性知识和外部编码化知识之间交互作用的结果。

其三为"新熊彼特主义Ⅱ"视角。该视角是一种"隐性知识领域"的深入视野，主要来源于 Cowun 等（2000）近年来的学术贡献。对于隐性知识的进一步区分（纯隐性知识和表面隐性知识），并在此基础上对于知识溢出与扩散机制展开研究是"新熊彼特主义Ⅱ"的主要贡献。外部观察者无法掌握表面隐性知识，本地化的"互识社团"可以将表面隐性知识进行有效传播，这一观点在集群地方化知识流动的分析中具有深远的意义。经验性研究表明，"现有企业的工程师团体与许多'弱式关系'（Weak Ties）有联系，这些关系倾向于扩散有关新技术被采纳或模仿的信息和传说。"

2.3.2.3 企业集群创新复杂性

20世纪80年代复杂性科学开始兴起，在生物学视角研究的基础上，复杂性理论开始被学者运用到集群创新的研究领域中。Daneke（1998）研究了非线性经济和美国创新的进化过程，利用非线性理论和自组织理论完善了熊彼特的创新理论，认为集群创新作为经济增长的中心，将对其他的社会要素产生重要的影响。Rycoft 和 Kash（2000）从技术、生产和组织三个方面分析了集群创新向复杂性的转变，认为在复杂环境中集群创新的成功依赖于对组织网络的适应。总的来说，关于复杂性理论在企业集群创新方面的应用还只是处于起步和探索阶段。

国内学者开始对企业集群创新的研究也是最近几年，国内学者通过借鉴国外的理论，密切联系国内集群发展的现状，进行了多角度、内容广泛的研究。魏守华（2002）在企业集群创新的动力机制方面，王缉慈（2003）在企业集群创新绩效方面，仇保兴（1999）在企业集群内部创新的扩散方面等，都做了深入的研究。也有学者结合不同的学科方法研究企业集群创新。刘友金等（2001）将生态学理论与区域创新理论相结合；陈雪梅（2001）用生物学知识描述企业集群创新现象的动态演化过程。也有许多学者尝试运用复杂性理论来研究企业集群创新。

2.3.3 城镇空间与技术创新的研究现状

创新是一种发生在特定空间和时间的活动，但直到20世纪90年代，西方学家对于创新的产生与其地理空间是否有紧密联系这一命题才产生了浓厚的研究兴趣。自 Feldman（1994）提出创新地理研究的概念，创新地理学成为西方经济学最为活跃的研究领域之一。城镇作为重要的行政区位，其地理位置、政策制度、城市结构和文化等都对技术创新活动产生不同程度的影响。本节通过追溯西方创新地理学的发展历程，试图梳理出城镇技术创新具有代表性的研究学派及相应的理论研究成果：

（1）创新环境理论。1989 年，Gremi 定义了一个新的空间发展理论模型，即"创新的环境"，并逐渐形成了创新环境学派。该学派强调地区环境是创新的孵化器，其核心是城市创新集聚研究。学者们通过对硅谷、波士顿128 公路、德国的巴登—符腾堡地区等特定城市—区域（City - region）的详尽调查研究，认为这些标志性的城市—区域比国家更具有创新竞争力的含义。Remigio R. 等（1985）指出，区域创新环境对区域内企业集聚的发生具有强大的推动作用，并认为欧洲和北美的一些新产业区之所以保持源源不断的创新力，关键原因在于这些区域内形成了创新的制度文化氛围，即创新环境。Saxenian（1992）基于对硅谷的研究，认为良好的社会交往环境有助于新知识的产生与传播。创新环境学派产生了学习区域、技术区、马歇尔式产业区、创新环境和区域创新系统等众多概念。这些新的概念替代"区位""地理"等宽泛的词汇，成为创新地理研究新的关键词。

（2）创新系统理论。创新系统理论研究源于 Frida（1987）在分析日本经济时所提出的"国家创新系统"这一概念。20世纪90年代早期，Asheim（1995）、Asheim 和 Isaken（1997）、Cooke（1992，1998，2001）等在 Frida "国家创新系统"的概念基础之上，对区域创新系统做出了各自的解释。区域创新系统可以被视为区域生产结构中支撑创新的制度基础设施。由此，创新系统理论从最早的国家创新理论（关注创新系统的国家差异），扩展到多尺度区域及城市的创新研究。

（3）城市创新理论。在工业社会，城市的职能是生产与交换中心，在后工业社会，城市的职能是服务与管理中心。随着知识经济的发展，城市职能开始转变为创新技术中心（Bell R., 1997），主要城市成为创新网络的重要节点（Castells M., Hall P. G., 1994）。城市创新体现、创新空间及创新动力研究成果丰硕，逐渐形成城市创新的理论研究体系。迄今，与城市相关的创新分析主要从以下三个维度展开：

其一，基于"城市结构"的创新分析，将创新活动视为城市中各种主体、资源要素、环境相互联系、相互作用的过程，包括城市的软件、硬件基础设施条件都是城市结构的重要组成。基于城市结构的研究成果众多，Simmie（1999）对于伦敦创新特征的描述；Fishcher（2001）对于欧洲几个创新城市的比较分析；Cappello（2001）则将研究锁定城市外部化创新；Florida（2002）强调创意阶层人才（Talent）、高科技（Technology）、宽容（Tolerance）三要素对城市发展的推动作用。

其二，基于城市创新空间的分析。城市创新空间的规划和建设始于斯坦福工业园（后来的硅谷）。其成功经验也使研究者意识到，城市空间的主动规划和建设对于科技创新产业发展的重要性。国外近年来对于城市创新空间的研究成果很

第 2 章 理论回顾与文献综述

多是以经验总结的方式,对世界各国科技园区的建设加以论述和分析。美国的 Manuel Castells 和英国的 Peter Hal 较早提出了城市空间发展模式;Jeff S. 和 Daniel R. 通过总结国际上最为成功的 9 个高科技园区,论述了城市创新空间不同的发展模式。麦赫若·杰索娃拉(Meheroo Jussawalla)和理查德·泰勒(Richard D. Taylor)将视点放在亚洲,研究了亚洲近 20 年来信息技术园的成功与不足。可以看出,产业园、科技城、高新技术开发区作为城市重要的创新空间,是城市创新空间研究的主要关注点。

其三,基于城市之间的创新联系的分析。Hagerstrand(1953)提出了著名的创新三阶段空间扩散理论,认为创新在城市间传播主要经过三个阶段:首先创新在城市中出现,其次创新向周边的次要中心传播,最后向次要中心的周围扩散。Pred(1977)在此基础上指出,大城市在创新扩散过程中占据循环优势。Hans Ouwersloot 等通过 R&D 活动中找出了创新联系与地理距离有一定的关系。Jeroen P. J. 在 Ouwersloot 研究的基础上,通过对 316 个科技公司的深入调研,发现多数研发经费来源非本地的机构,从而在一定程度上揭示了城市间创新合作与扩散的现象。

在国外研究的基础上,国内学者也积极开展创新地理学的相关研究,积累了大量的研究成果。比如,曾刚(2006)致力于从技术扩散对京沪的创新系统进行比较研究;杜德斌等(2007)则从 R&D 的资金来源研究创新活动的区域特征;王兴平等(2003)探讨中国城市新产业空间;王缉慈(2001)按照城市的科技创新实力将城市分为三级创新源,这三级创新源通过其横向、纵向联系通道构成中国城市创新体系的空间等级结构;张苏梅、顾朝林等(2001)提出了创新区概念,认为创新区包括创新源、联系通道、空间梯度和创新扩散空间;甄峰等(2004)认为城市创新要素呈现点状(各级信息节点、信息港、高新区)、线状(互联网、创新网络)和面状(智慧走廊);吕拉昌(2010)关注城市规划中的知识源的选择、知识传导的路径及通道,知识使用地的吸引构造以及与软要素构成创新环境的规划、协调、共生;陈秉钊等(2007)对知识创新空间的形成机理进行了探讨。但上述研究大部分停留在国外创新地理学理论的引进与实践,对创

· 43 ·

新区域的经验性分析与总结，具有创新性的理论研究成果为数不多。

与此同时，随着创新地理学研究的不断发展，我国学者开始关注城镇化水平与技术创新方面的研究。姜磊等（2011）通过空间自相关性指标量测分析发现，中国创新活动主要集中在城市化水平较高的环渤海湾和长三角城市群。城市化、研发投入和市场化均有助于知识的空间溢出。相邻地区的创新产出对本地区创新产出有正向影响，存在知识在空间上的溢出现象。聂萼辉（2013）运用1990~2011年中部六省的面板数据，分析了我国中部地区城镇化水平对技术创新能力的影响。结果表明，中部地区城镇化对技术创新能力的影响存在异质性，对发明专利影响显著为正，对三项专利具有消极作用。我国中部地区的创新仍主要依赖于物质资本的投入，科技人员对技术创新的影响不显著，创新效率相对较低。王军、朱倩（2006）提出，城市作为企业创新的中心，为企业提供知识外溢场所。城市使创新要素的集聚，为知识溢出提供的便利。其通过实证分析得出对全国各地城镇就业比重与每万人专利授权进行相关分析，验证两者有较强的正向关系。吕拉昌、李勇（2010）指出，中国创新城市体系空间格局形成以上海市、北京市为顶级城市的五级塔型城市体系结构，东部沿海城市在中国创新城市中具有重要地位，省会城市及经济强劲的城市一般成为区域性的创新中心。中国创新城市体系受城市创新规模、城市科研规模与效率、城市创新潜力因素、城市创新环境等多方面因素的影响。

总的来看，创新地理学的研究，发现并总结了城市空间层面的创新活动规律及特征。但仍存在一些不足，如创新环境学派侧重于地区性创新机制研究，对于区域间的创新互动机制研究较少；创新系统理论主要研究的是创新主体的内部运行机制、行为主体之间的技术、知识、信息联系、创新政策和环境联系，因而强调的是知识的"结构性"传播，并没有分析城市作为创新节点对创新网络的作用。Hagerstrand等（2008）研究了创新的空间传播特征，但并未对城市在整个创新网络中的异质性特征进行深入描述。近些年，国内涌现了城镇与技术创新关系的众多研究成果，但总的来看，研究多停留在经验性的分析与总结，即使设计了定量分析，也仅仅是采用城镇化单一指标与技术创新进行相关性分析，结论未进行足够的实证分析。城镇化对技术创新的行为、绩效和路径选择的影响研究还较为鲜见。

2.4 文献评述及研究空间

综观国内外既有的研究可以看出,学者们对城镇化、产业集聚以及两者互动对于区域社会经济的影响研究越来越重视。在国内,新型城镇化作为国家战略地持续推进,将城镇化研究推向了一个新的高潮。学者们分别从城镇化内涵、特征、发展模式、对区域的影响等视角对城镇化进行研究。产业集聚作为一种经济现象,国内外学者们从不同角度对其展开翔实的研究,也有诸多学者深入探讨了产业集聚、制造业集聚对城镇化的影响效果。但产业集聚研究的重心仍在于集聚内部,更多的是从产业集聚的规模效应和拥挤效应动态演进的角度来解释产业的空间集聚与扩散。虽然,产城融合是近年来学术研究的一个热点问题,但研究的重心在于两者协同发展的效应分析。从上述相关理论与实证研究文献的梳理中,可以发现这一领域系统性的研究较为鲜见。现有的一些零星的研究主要局限于城市与产业协同现象的描述,比较笼统和宽泛。而且,城镇化与产业集聚协同发展对于技术创新、产业转型升级的相应研究始终是一个"黑箱",在城镇化与产业集聚的双重作用下,以技术创新能力为考察对象,对产业集群动态演进的一般规律进行规范分析仍然较为鲜见。此外,已有的相关研究基本都是按产业联动、空间协同定位两大主线分别展开的,而对于城镇空间与产业集群之间的作用传导与转换未能予以足够重视。因此,本书将融合相关学科知识与产业集聚理论,基于上述理论与文献研究的可拓展之处,在对区域城镇化、产业集群与技术创新的空间特征整体考察基础上,将城镇化、产业集聚与技术创新纳入统一的分析框架中,以城镇化与产业集群耦合效应为研究支点,探索性地研究城镇化与产业集群交互过程中对技术创新的作用机制,进一步以区域创新承载力为切入点,解构城镇化与产业集群协同（耦合）对于技术创新的影响效应。从产业—空间（城镇）二维层面经验分析产城融合的动态演进规律，结合耦合状态提炼出城市及产业集群发展路径及相关政策建议，对于深化认识、有效促进城镇化与产业集群协同发展，并从更高层次上优化和拓展城市空间发展、产业转型升级都具有极强的理论价值和深远的实践指导意义。

第 3 章 城镇化、产业集聚影响技术创新的理论分析：基于广义技术进步函数

随着对技术创新活动的考察和研究的不断深入，学者们逐渐形成共识，一些地方产业创新的原因在于它们把功能一体化和地域一体化结合在一起。一方面，产业集聚有利于创新要素（技术、人才、资金、信息等）进一步在特定空间中汇集；另一方面，城镇功能的改善有利于吸引高层次人才，引致更多的创新资源向城市集中。那么，产业集聚、城镇化对于技术创新的影响是呈现叠加效应或者相反，对于技术创新的发展就尤为重要。鉴于此，本书基于巴罗内生增长理论，建立引入城镇化建设变量的广义技术进步函数，推导出城镇化、产业集聚作用于技术创新的主要影响逻辑，以进一步拓展产业集聚下城镇化影响技术创新的理论分析。

3.1 相关概念界定

3.1.1 城镇化与城市化

迄今为止，城镇化未形成统一的概念界定。由于研究角度的差异，城镇化概念的理解呈现出多样化的特征。西方早期关于城镇化的研究主要基于人口流动的

现象，认为城镇化是农村人口向城镇迁移、集中并导致城镇人口比重上升的过程。随着世界各国经济的不断发展，关于城镇化的定义及内涵也逐步成熟和完善，城镇化已经不再被局限地理解为非农人口的增长或者城市空间的扩张，而是被扩展为一个集人口增长、空间优化以及经济发展为一体的社会化系统过程。

城镇化与城市化并非相互割裂的两个概念，两者的内涵一致，都是反映经济社会发展过程中，农业人口向城镇迁移，第二、第三产业在城镇中集聚发展，劳动者的生活方式、思想观念、价值准则和行为方式等方面逐渐融入城市，是城乡资源、要素和生活方式的融合过程。城镇化与城市化的区别则体现为这一融合过程处于不同阶段、发展方式和路径的差异，两者分别代表了这一融合过程的两个不同阶段。虽然在国家政策层面多次调整不同规模城市的发展政策，但相关文件仍主要使用城镇化的说法。本书认为城镇化与城市化本质及内涵一致，因此不对两者做特别区分。

3.1.2 产业集聚与产业集群

对于产业集聚的概念，国内外学者已经进行了积极的探讨和研究，基本上对其内涵形成了一致的看法，即产业集聚是"通过协同定位赢得竞争优势的空间集中的产业组织形态"。产业集聚的过程实质上是产业发展相关的各种要素在空间范围内不断汇聚的一个过程。对于产业集群，多数学者认为"产业集群是企业克服市场失效和内部组织失灵的一种中间性和制度方法，是一群自主独立又相互关联的企业依据专业化分工和协作建立起来的组织"。结合研究的需要，本书将产业集群界定为"功能上协同、产业链上互补的一系列企业在地理空间上集聚的产业形态"。事实上，产业集群往往是产业集聚的结果，因此，在本书分析中，不对产业集群与产业集聚进行区分。

3.1.3 技术创新

自熊彼特提出技术创新的概念之后，技术创新一直是学术界研究的热点。早期，技术进步是技术创新的主要内容，包括生产工艺的改进、流程重组、生产管理效率提高等能提高要素生产率的因素。现代意义的技术创新内涵更为宽泛,包括技术变革(包括专有技术发明、知识产权及专利),同时也包括渐进式技术发展、工艺改进、流程管理等一系列可带来劳动生产效率提高的行为,即广义技术创新。作为本书的研究对象,技术创新不仅包括技术变革,也包括上述的渐进式技术发展。因此,本书将创新界定为广义技术创新,等同于广义技术进步(文章中的技术创新皆为广义技术创新)。

3.1.4 耦合

"耦合"是协同学中的概念,所谓"耦合"指的是两个或多个系统之间相互作用的性质和程度,包括正反馈和负反馈,前者相互促进,后者则相互限制。本书将城镇化与产业集群视为区域两大系统,借鉴协同学中"耦合"的概念,对城镇化系统与产业集群系统的交互作用进行评价和度量。城镇化与产业集群的耦合度指的是城镇化与产业集群作为区域两大经济系统,两者相互作用或系统中的关键要素相互作用的性质和程度。如果两者按照正向交互作用,相互适应、相互促进,形成正反馈回路,就会增加两者的耦合度,有利于创新效率的提高。相反,如果两者割裂式发展,或形成互不适应、相互制约的负反馈回路,就会降低两者的耦合度,降低产业和城市的创新效率。

3.1.5 创新承载力

创新承载力的概念来自学者对区域承载力研究的进一步拓展和演化。既有的研究已经指明,广义区域承载力包括两大部分:一部分指自然资源,包括土地、水和空气等硬资源;另一部分指知识资源,包括人才、技术和文化等软资源。对于创新活动而言,区域是否拥有丰富的创新资源(如高层次人才、科研院所和资本等)是区域创新活动能否有效开展及创新能力持续提升的关键。因此,本书借鉴广义承载力的概念来界定区域创新承载力。区域创新承载力指的是一定时期内,某一区域在合理开发知识资源的条件下,区域创新资源所能承载创新活动的能力总和。

3.2 城镇化、产业集聚影响技术创新的理论分析

某一经济体的实际产出同比增长,其主要影响因素是什么,哪些因素是经济增长的主要驱动力,以及如何测定它们对该经济体经济增长的贡献度。这些问题一直是经济学研究的主要命题。对于经济运行的变动,学者通常采用生产函数,即利用投入和产生的关系来解释经济运行的状态。某一经济体经济增长主要来源于两个方面:生产要素投入量的增加和生产要素单位产生量(即生产要素生产率)的提高。在技术进步中性的条件下,生产要素边际效用递减。这也意味着增加投入并不能使经济持续增长。通过技术进步提高生产要素生产率,才可促进经济持续增长。R. Solow(1957)提出了索洛余值概念,将技术进步定义为"经济增长中不被生产要素增加所解释的那部分增长"。索洛余值可称为狭义的技术进步带来经济增长,技术革新是索洛余值产生的主要原因。广义的技术进步是所有可能导致要素生产率提高的全部因素,除了技术革新,还包括生产工艺的改进、流程重组、生产管理效率提高等能提高要素生产率的因素,因此广义技术进步可以用要素生产率提高的百分比进行计量。显然,广义技术进步包括了索洛余值,且不仅限于索洛余值。应该说,技术创新并不仅仅是技术变革,同时也包括渐进式技术发展、工艺改进、流程管理等一系列可带来劳动生产效率提高的行为。本书所研究的技术创新不仅包括技术革新(包括专有技术发明、知识产权及专利),也包括上述的渐进式技术发展,因此本书研究的创新为广义技术创新,等同于广义技术进步(文章中的技术创新皆为广义技术创新)。

在城镇经济体中,技术创新的影响因素十分广泛,既可来自企业内部生产效率的提升,也可来自企业外部,如产业发展环境和营商环境改善带来的企业生产效率的提高,这些都与城镇化、产业集群发展密切相关。城镇化水平的提高与地方政府支出紧密相关。政府的支出包括生产性支出和非生产性支出。生产性支出

是地方财政用于同社会生产直接有关的各项支出,如生产性基本建设投资、企业生产流程改造资金和研发公共平台建设等。显然,政府生产性支出可能影响产出水平。非生产性支出主要用于城市建设、公共交通、教育支出等方面。城镇化所涵盖的重要指标与政府非生产性支出项目有紧密联系。在城镇经济体,政府支出可能是技术创新的影响因素之一①。本书借鉴巴罗的内生增长理论②,建立基于城镇经济体的一般生产函数,如式(3.1)所示:

$$Q_t = F(K_t, G_t, L_t, t) \tag{3.1}$$

式中,Q_t 为城镇经济总产出;K_t 为资本投入;G_t 为城镇化建设投入;L_t 为城镇劳动力数量。在生产函数中引入时间变量 t,表示生产函数等产量线随时间 t 可以有自主的变动。

为了推导出城镇经济体的广义技术进步函数,就必须界定"创新要素"的这一概念。生产要素是指投入生产过程中的各种资源,创新要素是指在生产过程中促进劳动生存率提升的各种资源。生产要素的投入是为了产出,创新要素的投入则提高了劳动生产率。创新过程与生产过程不同,创新是一种智力创造活动,创新活动是人类智力结合生产要素(包括资金、土地及各种原材料)获得产出(不仅是一般意义的产出,还包括劳动生产率的提高)的过程。显然,在创新活动中,劳动力相对于其他生产要素处于比较特殊的地位。除开劳动力,其他生产要素无法产生创新,只有劳动力和其他生产要素的结合,并伴随智力活动才可能产生创新。因此,创新活动中的"劳动力数量"应是创新活动中其他生产要素具有与之相配的数量。

式(3.1)为城镇经济体生产函数,实际上可将之理解为城镇经济体中,投入与产出之间技术关系的行为方程。对式(3.1)取对数,再取时间 t 的导数,

---

① 通常而言,政府支出对于技术创新的影响主要表现在两个方面:一方面是科教事业费的支持,通过市民教育文化水平的提升影响技术创新活动;另一方面是对微观经济主体的技术创新活动给予支持,包括对高新技术企业税收减免、补贴等多种形式。这两个方面的费用支持都包含在地方财政预算内的科学事业费支出和教育事业费支出。

② 巴罗内生增长理论指出除了资金和劳动力,政府支出也是经济增长的重要影响因素。

可得产出增长函数为：

$$\ln \dot{Q}_t = \frac{1}{F}\frac{dF}{dt} = \frac{1}{F}\left(\frac{\partial F}{\partial t} + \frac{\partial F}{\partial K_t}\cdot\frac{dK_t}{dt} + \frac{\partial F}{\partial G_t}\cdot\frac{dG_t}{dt} + \frac{\partial F}{\partial L_t}\cdot\frac{dL_t}{dt}\right)$$

$$= \frac{1}{F}\cdot\frac{\partial F}{\partial t} + \frac{1}{F}\cdot\frac{\partial F}{\partial K_t}\cdot\frac{K_t}{K_t}\cdot\frac{dK_t}{dt} + \frac{1}{F}\cdot\frac{\partial F}{\partial G_t}\cdot\frac{G_t}{G_t}\cdot\frac{dG_t}{dt} + \frac{1}{F}\cdot\frac{\partial F}{\partial L_t}\cdot\frac{L_t}{L_t}\cdot\frac{dL_t}{dt}$$

(3.2)

式中，$\ln \dot{Q}_t$ 为城镇经济产出增长比；ω_{K_t} 为资本产出偏弹性系数；ω_{G_t} 为城镇化投入产出偏弹性系数；ω_{L_t} 为城镇劳动力产出偏弹性系数：

$$\omega_{K_t} = \frac{\partial F}{\partial K_t}\cdot\frac{K_t}{F}$$

$$\omega_{G_t} = \frac{\partial F}{\partial G_t}\cdot\frac{G_t}{F}$$

$$\omega_{L_t} = \frac{\partial F}{\partial L_t}\cdot\frac{L_t}{F}$$

将以上三式代入式（3.2）中，可得：

$$\ln \dot{Q}_t = \frac{1}{F}\cdot\frac{\partial F}{\partial t} + \omega_{K_t}\ln K_t + \omega_{G_t}\ln G_t + \omega_{L_t}\ln L_t \tag{3.3}$$

如前面所述，技术创新即广义技术进步，体现为劳动生产效率的提高，可理解为人均占有资源（包括企业内部生产资料和企业外部环境资源）不变，产出的提高。因此，建立指标恒等式如下：

$$Q_t = L_t \cdot \frac{Q_t}{L_t} = L_t \cdot q_t \tag{3.4}$$

式中，$q_t = Q_t/L_t$ 为城镇经济体的劳动生产率（人均产出）。Q_t，L_t 同前文定义一致（本书中出现的变量定义皆一致，下文不再说明）。由式（3.4）可得：

$$\ln \dot{Q}_t = \ln \dot{L}_t + \ln \dot{q}_t \tag{3.5}$$

式中，$\ln \dot{Q}_t$ 是城镇经济增长率，$\ln \dot{L}_t$ 是城镇劳动力增长率，$\ln \dot{q}_t$ 是人均劳动力增长率，即广义技术创新率，可称为广义创新余值 R。为了求该余值，可将式（3.3）代入式（3.5）中，过程如下：

$$R = \dot{\ln q_t} = \dot{\ln Q_t} - \dot{\ln L_t} = \frac{1}{F} \cdot \frac{\partial F}{\partial t} + \omega_{K_t}\dot{\ln K_t} + \omega_{G_t}\dot{\ln G_t} + \omega_{L_t}\dot{\ln L_t} - \dot{\ln L_t}$$

$$= \frac{1}{F} \cdot \frac{\partial F}{\partial t} + \omega_{K_t}(\dot{\ln K_t} - \dot{\ln L_t}) + \omega_{G_t}(\dot{\ln G_t} - \dot{\ln L_t}) + (\omega_{K_t} + \omega_{G_t} + \omega_{L_t} - 1)\dot{\ln L_t}$$

即，$R = \frac{1}{F} \cdot \frac{\partial F}{\partial t} + \omega_{K_t}\dot{\ln k_t} + \omega_{G_t}\dot{\ln g_t} + (\omega_{K_t} + \omega_{G_t} + \omega_{L_t} - 1)\dot{\ln L_t}$ (3.6)

式中，$k_t = K_t/L_t$，为城镇经济中的人均资本投入，即资本集约度或劳动的资本装备率；$g_t = G_t/P_t$，其中 P_t 为城镇人口，g_t 为城镇化建设人均投入，即城镇资源（包括道路、绿化和教育资源等）人均占有。

从式（3.6）可以看出，在城镇经济体中，广义技术创新率（人均产出增长率，广义进步率）可分解为四个组成部分：

(1) $\frac{1}{F} \cdot \frac{\partial F}{\partial t}$ 为狭义技术进步率。狭义技术进步率提高的原因有两个方面：一是新技术的应用和扩散，使企业在投入生产要素不变的情况下可获得产出的增长。然而这种变革性的技术创新往往来自"天才的创作"，此"天赐之物"可以带来产出增长。但是，变革式的技术创新可谓来之不易，往往仅来自个人或团体的创作。技术变革带来生产函数等产量线随时间变动，变动是跨越式的。二是知识和技能的积累。当生产技术条件及投入要素不变的情况下，企业产出仍然有可能增长。此类增长来自劳动效率的提高，如"边干边学"促进了产量的提升。

(2) $(\omega_{K_t} + \omega_{G_t} + \omega_{L_t} - 1)\dot{\ln L_t}$ 为规模效应带来的劳动生产率变动。规模效应可分为规模经济、规模不经济和规模效应不变。企业扩大再生产的一个主要动因在于最求规模经济，降低单位产成品的成本。企业生产要素（劳动力）投入增加，则 $\dot{\ln L_t} > 0$。如果 $\omega_{K_t} + \omega_{G_t} + \omega_{L_t} > 1$，则 $(\omega_{K_t} + \omega_{G_t} + \omega_{L_t} - 1)\dot{\ln L_t} > 0$，意味着增加企业生产要素投入带来劳动生产率的提高，即规模经济；如果 $(\omega_{K_t} + \omega_{G_t} + \omega_{L_t} - 1)\dot{\ln L_t} < 0$，说明增加企业生产要素反而降低了劳动生产率，是一种规模不经济。规模经济的原因来自企业经营管理的多个方面，如企业大批量采购使原材料成本下降、组织规模化和管理效率提升带来的生产效能提高、规模化生产使人力资源成

本下降等。根据 Marshall 的外部经济理论,产业区集聚的外部经济性表现之一为规模经济。因此,产业集聚所引致的规模效应有利于劳动生产率的提高。事实上,规模经济不是无止境的。企业过大生产规模带来生产平均成本下降的边际收益是递减的。当边际收益为零时,企业达到最佳生产规模,此时规模效应不变,再进一步扩大生产规模也直接带来劳动生产率的提高。

(3) $\omega_{K_t}\ln k_t$ 为人均资本(资本集约度)带来的劳动生产率的变动。$\ln k_t > 0$ 时,即人均资本增长有利于提高劳动生产率。但是,单是资本总量上的增长并不一定能带来劳动生产率的提升,只有资本增长快于劳动力增长时,即资本集约度提升,才能带来劳动生产率的增长。由此可见,人口城镇化虽然提高了城镇人口的数量,但在资本投入不变的情况下,减少了人均资本占有,对劳动生产率将产生不利影响。

(4) $\omega_{G_t}\ln g_t$ 为城镇化建设投入带来的劳动生产率的变动。$\ln g_t > 0$ 时,城镇化建设投入(城镇资源人均占比)增加有利于提高劳动生产率。但是,城镇化建设投入总量的增长并不一定能带来劳动生产率的提升,只有城镇化建设投入增长快于城镇劳动力增长时(即城镇资源人均占有提高),才能提高劳动生产率。由此可见,提高城镇居民的数量,仅仅是实现了人口城镇化。在城镇化建设投入不变的情况下,人口城镇化的结果是降低了城镇资源人均占比,对劳动生产率将产生不利影响。

3.3 产业集聚与城镇化对技术创新影响的二重性

基于上述构建的城镇经济生产函数,狭义技术进步率、规模效应、资本集约度和城镇资源人均占比将直接影响广义技术创新余值。其中,除了狭义技术进步率,其他三项均包含资源人均占比这一重要概念。从前面的分析可知,城镇化进程中,地方政府的城镇建设投入将影响广义技术创新率。城镇化率是衡量城镇化水平的主要指标,其为城镇常住人口(P_r)与总人口(P_u)的比值。增加城镇常住人口数量是提高城镇化率的主要手段,即人口城镇化。当产业集聚处于不同水平,在城镇化不同阶段,其对于广义技术创新率的影响也有所不同,产业集聚与城镇化对技术创新影响呈现"二重性":

(1)产业集聚处于较低水平时,区域技术创新能力往往处于较低水平。产业发展薄弱时,区域对于资金、人才、技术等创新要素的集聚能力较弱,广义技术创新余值难以增长。从广义技术进步函数的推导结果看式(3.6),此阶段的狭义技术进步率往往处于趋近于零,原因在于没有一定的产业发展基础,变革式创新难以出现,即$\frac{1}{F} \cdot \frac{\partial F}{\partial t} \approx 0$;分散的产业发展方式不具备规模效应,即$(\omega_{K_t} + \omega_{G_t} + \omega_{L_t} - 1)\ln L_t \leq 0$;产业对于资本的吸引力不足,难以在短时间内吸引大量外部资本的进入,即$\ln k_t \leq 0$;在产业发展落后的情况下,城镇化所带来的农村人口迁移是对城镇存量资本的稀释与摊薄,并不利于技术创新发展。另外,落后的产业无法保障城镇人口的充分就业,也使人口城镇化发展不可持续。

(2)产业集聚处于一般水平时,在城镇化发展初级阶段,地方政府城镇建设支出总量快速增长,城镇常住人口数量提高。通常情况下,此阶段城镇建设投入总量增速高于城镇常住人口增速,即城镇资源人均占比提高。理论上,在城镇化初级阶段,城镇化对于技术创新呈正面、积极影响。但是,需要指出的是,城镇经济生产函数中的L_t为城镇劳动力数量,并非城镇常住人口数量(P_r)。一般情况下,$L_t \leq P_r$,一旦产业集聚度下降,产业迁移或者萎缩,劳动力需求动力不足将导致常住人口就业率回到较低水平,劳动力将流向其他城镇。在城镇化初级阶段,从提高城镇人均资源占比的角度出发,实现城镇化提高技术创新率在于是否能够保证常住人口的充分就业。在城镇化建设时,进一步提高产业集聚水平,能够使新增常住人口有效就业,从而保证城镇化对技术创新持续的正面影响。

(3)产业集聚处于较高水平时,在城镇化发展中期阶段,地方政府城镇建设支出总量仍然保持快速增长,城镇建设达到较高水平。良好的城镇基础设施、公共服务和社区环境为城镇带来大量新增常住人口，城镇常住人口增速快速提高。在这一阶段，城镇建设支出总量增速高于城镇常住人口增速，即城镇资源人均占比提高。城镇化建设对于广义技术创新率的影响是正面、积极的。另外，由于城建配套设施不断完善，城市环境不断改善，人才、技术、资本、知识、信息等创新要素向城市汇集，进而可能使城市成为创新和扩散的发源地，为产业创新提供良好的区域环境。城镇化对产业发展及创新环境的明显改善，对于广义技术创新率的影响将更加显著。

（4）产业集聚处于较高水平时，在城镇化发展中后期阶段，由于城镇基础设施已经趋于完善，地方政府城镇建设支出虽有增量，但总体增速放缓或者下降。完善的城镇基础设施、公共服务和资源环境对于人口的吸引力是长期存在的，城镇人口增加的趋势不会因为地方政府城镇支出放缓而改变。人口不断涌入城镇，其结果是城镇资源人均占比下降，城镇人均资源占比下降对广义技术创新率有负面影响。同时，由于城镇人口数量急剧膨胀，城镇基础设施、公共服务和资源环境不堪重负，无法为城镇居民提供高水平服务，特别是对高层次人才的服务能力明显不足，"拥挤效应"的出现可能导致城镇对于人才这一创新要素的吸引力下降。技术、资本、知识、信息等创新要素与高层次人才紧密联系，一旦城镇对人才的吸引力下降，产业创新的环境将难以营造。因此，在城镇化后期阶段，一旦城镇资源人均占比下降，城镇人居环境恶化等因素将对广义技术创新率产生负面影响。

由此看来，理论上，技术创新并不仅仅受单一层面的影响。在产业集聚与城镇化的二重作用下，区域技术创新往往呈现"非线性"发展。产业集聚处于不同状态，区域对于创新要素的汇集能力有所不同，城镇化进程的不同阶段，也使城镇资源人均占比发生不同程度的变化。区域产业集聚和城镇化的不断发展，必然导致城镇资源人均占比此消彼长，动态变化，这是技术创新"非线性"发展的主要原因。

3.4 本章小结

本章基于巴罗内生增长理论,构建产业集聚下的城镇经济一般生产函数,推导出广义技术进步函数,揭示不同的产业集聚水平下,城镇化对于技术进步的影响逻辑。理论上,技术创新并不仅仅受单一层面的影响。在产业集聚与城镇化的二重作用下,区域技术创新往往呈现"非线性"发展。产业集聚处于不同状态,区域对于创新要素的汇集能力有所不同。城镇化进程的不同阶段,也使城镇资源人均占比发生不同程度的变化。区域产业集聚和城镇化的不断发展,必然导致城镇资源人均占比此消彼长,动态变化,这是技术创新"非线性"发展的主要原因。

技术创新的"非线性"发展表现为,技术创新能力不会随着城镇化水平提升而线性提高,反而可能出现技术创新能力发展停滞或者下降的情况。理论上,在产业集聚的条件下,城镇资源人均占比提高是促进区域技术进步及创新的主要原因。人口城镇化虽然提高了城镇人口的数量,但在资本投入不变的情况下,反而减少了人均资本占有,对技术进步及创新将产生不利影响。城镇化建设投入总量的增长并不一定能带来劳动生产率的提升,只有城镇化建设投入增长快于城镇劳动力增长时(即城镇资源人均占有提高),才能提高劳动生产率。在城镇化建设投入不变的情况下,城镇人口上升实际上是降低了城镇资源人均占比,对区域技术进步及创新将产生不利影响。当产业集聚处于较低水平时,区域技术创新能力往往处于较低水平。当产业集聚处于较高水平时,在城镇化进程不同阶段,城镇化对于广义技术创新率的影响也有所不同:

(1) 在城镇化初级阶段,城镇化对于技术创新呈正面、积极影响。在此阶段,实现城镇化提高技术创新率的基础在于是否能够保证常住人口的充分就业。具备产业基础的城镇化建设,能够使新增常住人口有效就业,从而保证城镇化对技术创新的正面影响。

（2）城镇化发展中期阶段，城镇建设支出总量增速高于城镇常住人口增速，即城镇资源人均占比提高。同时，由于城建配套设施不断完善，人才、技术、资本、知识、信息等创新要素向城市聚集，进而使城市成为创新和扩散的发源地，为产业创新提供良好的区域环境。因此，这一阶段城镇化建设对于广义技术创新率的影响是正面、积极的。

（3）城镇化发展后期阶段，由于城镇基础设施已经趋于完善，地方政府城镇建设支出虽有增量，但总体增速放缓或者下降。城镇人口增加的趋势不会因为地方政府城镇支出放缓而改变，其结果是城镇资源人均占比下降，城镇人均资源占比下降对广义技术创新率有负面影响。同时，由于城镇人口数量急剧膨胀，城镇基础设施、公共服务和资源环境不堪重负，无法为城镇居民提供高水平服务，特别是对高层次人才的服务能力明显不足，"拥挤效应"的出现可能导致城镇对于人才这一创新要素的吸引力下降。一旦城镇资源人均占比下降，城镇人居环境恶化等因素将对广义技术创新率产生负面影响。

第4章 城镇化、产业集群与技术创新的现实考察

当前,学术界对城镇化和产业发展的普遍认识是:随着城市化进程的加快,第二产业和第三产业的规模和效益也在扩大,城市化发展轨迹是标准的"S"形曲线,最显著的特征是产业结构的变化。工业及服务业的发展推动农村人口向城镇迁移,进一步提高城镇发展水平。城镇化水平提高,人力资本向城市集聚,并带动本地人力资本的提升,进而满足城镇产业转型升级的人力资源需求,推动产业结构转型升级。产业结构和城镇化以要素流动、资源配置相互作用,产业结构优化推动城镇化质量的上升,城镇化质量的上升拉动产业结构的优化和升级。城镇化有利于主导产业从第一产业向第二产业、第三产业转变。而在产业结构演变的过程中,不同产业对于城镇化的作用各不相同。从长期看,产业结构与城镇化的关系趋于稳定。

总体而言,上述研究都是考察城镇化进程中产业结构分布变化,或者城镇化与产业协同研究。迄今虽有研究对城镇化与产业集群协同程度进行测度与分析,但研究不够系统全面。特别是城镇化与产业集聚使要素流动和集中,必然引致技术、人才和资金等创新要素集聚,技术创新作为产业结构转型升级的主要驱动力,却鲜见于城镇化与产业关系研究的文献中。本章在上一章理论分析的基础上,从现实考察出发,分析国内(特别是长三角地区)城镇化、产业集群、技术创新的空间分布特征,试图从产业—空间两个维度呈现三者空间交叠不同状

态,为下一阶段城镇化与产业集群耦合模型的建立提供现实基础。

4.1 城镇化与产业集聚关系的基本评判——以长三角为例

改革开放以来,区位优势和政策效应使长三角地区经济快速发展。迄今为止,长三角已经成为国内经济最为发达,人口最密集和城镇化进程最快的地区。由于工业化进程加快,产业集聚吸引大量外来人口,城市繁荣与市场发展伴随而至。整体来看,长三角地区城镇化率在全国已经处于领先水平(见图4-1)。另外,产业发展需要空间支持。城市建设中着力推进的开发区、高新区和新区建设,拓展了产业的进一步发展空间。但随之而来的是"城市病"现象凸显,城市用地扩张所导致的能源水土资源紧张、环境污染和生态退化等问题频发,限制城市与产业进一步发展。

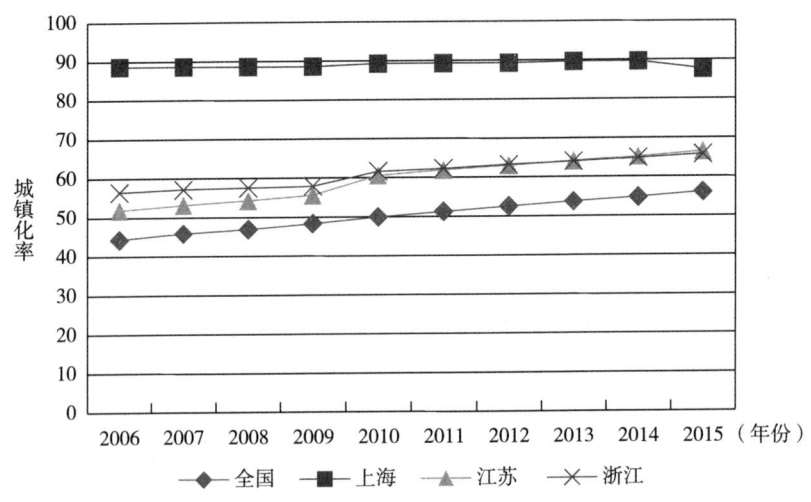

图4-1 全国及长三角地区城镇化率变动情况

4.1.1 城镇化与产业集群空间分布交叠

近些年，长三角在承接国外产业转移的过程中，逐步成为国内重要的制造业基地，其产业集聚效应明显，并形成立足于比较优势和政策优势的产业集群。早期，长三角产业切入在全球价值链的"低端"位置，主要从事来料加工、低端制造且过度依赖外资，难以分享全球价值链的核心收益。近年来，地方政府及行业参与者深刻意识到，突破价值链"低端锁定"是产业转型升降的迫切需求，并主动调整长三角产业集群发展的空间布局。同时，长三角城镇化水平的不断提升，为该地区产业空间主动调整创造了十分有利的条件。特别是，推进"以人为本"的新型城镇化建设，为创新要素集聚创造了良好的外部环境。技术创新驱动下的产业梯度转移、转型升级和集群发展空间扩大有序开展，长三角地区城镇化与产业集群空间分布交叠效应逐步显现。

从总体上看，长三角产业集群空间分布呈现出典型的以上海市为中心，并沿重要交通轴线集聚的特征。上海市作为长三角城镇化率最高的城市，其对该区域产业集群的引领和辐射作用也最为明显。沪宁、沪杭和杭甬沿线是长三角主要高速交通通道，空间上为长三角生产要素的流通与交换创造了有利的条件。由此，在长三角地区事实上形成了沿沪宁、沪杭和杭甬的T字形产业集群密集带，上海市产业基地和产业集群、浙江省的产业集群和主要产业集聚区、江苏省的沿江产业集群和主要产业集聚区大多处于这条T字形发展轴线之上。综观这条T字形发展轴线，可以发现城镇化率最高的几个城市，包括上海市、苏州市、南京市、杭州市，成为产业集聚的主要节点城市。无锡市、常州市、南通市、嘉兴市和绍兴市城镇化率较高（仅次于主要节点城市），成为产业集聚的次节点城市。随着长三角经济一体化的不断推进，沪宁延伸线上的合肥市、巢湖市主动承接江浙沪的产业转移，并结合自身特点积极构建环湖产业集聚带，其城镇化水平也在不断提高。

结合长三角城镇化发展进程来看，长三角城镇化水平的提升与其产业集聚紧密联系。长三角地区，城镇化率较高的是主要节点城市和城市核心地区，由此形成城镇布局的点状形态。城镇点状形态与产业集群的线性形态在空间上产生了交叠。此种交叠表现为：产业集聚实际上是产业发展要素的集聚，产业集聚在一定程度上推动人口、资金和技术等生产要素向城市集中。处于轴线上的节点城市由于基础优势和空间优势，因而在资源向城市集中的过程中最先受益，城市发展水平得以快速提升。沪宁、沪杭和杭甬产业发展轴线上的三个重要节点城市（上海、杭州和南京），成为长三角地区产业集群最为密集，同时也是城市发展水平最高的城市。由此形成城镇化和产业集群点线空间交叠形态，即长三角以沪、宁、杭为经济增长极，产业沿重要交通干线空间布局拓展的发展模式。

4.1.2 城镇化、产业集群与创新活动的空间联结

从技术创新的发展规律看，创新活动并非随机或者均衡地分布在全球各地。实际上，越是知识密集型的经济，越呈现出创新集群的趋势。创新在地理空间上集中化的趋势随着时间的推移正变得越来越明显（Leyshon & Thrift, 1997；Feldman, 2001）。技术创新本质上是一种知识生产活动，相对于显性知识（清晰的、编码化知识）而言，隐性知识具备不易清晰化、不可交易和不可编码化的属性，只能在某一给定的时间通过实践产生，这种在本质上无法交换的知识是创新创造的核心要素（Pavitt, 2002；Maskell & Malmberg, 1999）。

隐性知识的特征隐含着对空间的一个观点：隐性知识是某个地理空间创新活动的关键决定因素。"互动中学"的概念认为，隐性知识难以进行远距离的交换，只能基于企业、研究组织和公共机构等经济体间的互动和知识流动（伦德瓦尔，1994）。隐性知识这一特点进一步决定了创新活动与地理空间的紧密联结：空间上的接近性对于隐性知识的有效产生、传播与共享十分重要，这强化了区域（城镇化）对于创新活动的重要性。事实上，隐性知识最佳的传播方式是通过相互已经有了基本共同点的对象之间面对面地交流与互动。每个人的个体知识都是基于过去成功的合作和非正式互动，在产业集群内部形成广泛的长期合作，进而产生的"信任"有利于隐性知识在本地流动和扩散，提升区域创新能力。因而，城镇及产业集群成为隐性知识流动与扩散的空间联结。作为产业集聚的空间载

体,城镇在产业集聚过程中对技术创新的作用,可以从资源要素基础、城镇规模分布、城镇空间网络和区域制度环境四个方面得到体现,如图4-2所示。

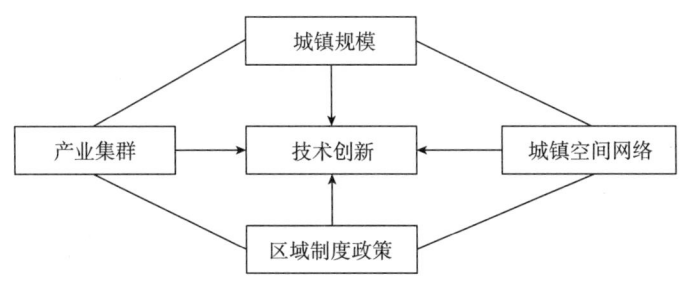

图4-2 城镇化、产业集群与创新活动的空间联结

(1)资源要素基础。外部经济理论认为资源要素共享是形成产业集聚的主要原因。城镇资源要素基础一般分为两类:一类指土地、道路、水电、交通等基础设施条件;另一类指信息、金融、教育、知识等公共服务条件。随着城镇化的不断发展,这两类资源条件会逐步趋于集中,它们所能产生的是一种全方位的外部经济效应(苏雪串,2004)。在城镇空间内,生产要素(包括劳动力、土地和厂房、设备等)得以共享,企业生产成本降低,产业间前后向联系紧密,促进企业之间的往来联系,技术知识溢出的条件得以建立。同时,不少学者(宁军明,2008;段会娟,2009;张萃,2010)认为,知识创新、扩散和累积是产业集聚的重要力量。知识溢出不但需要产业间的相互关联,而且需要企业在地理位置空间上相互邻近。城镇可以使企业技术创新要素得以在空间上接近、联结和集聚,城镇化为隐性知识传播与扩散创造了要素基础和空间基础。从某种程度上看,城镇化使企业共享生产要素,更重要的是使企业可以"共享"技术创新资源要素。

(2)城镇规模分布。城镇规模是城镇结构的基本特征,其一定程度上反映了城镇对于要素资源的吸引力。在区域经济发展过程中,城市之间往往体现为一种"竞合"关系。根据城市发展首位度的规律,产业发展优先向中心城市集聚,而后向周边中小城镇扩散。同理,技术创新要素配置规律与城镇与产业的发展规律基本一致，即技术创新要素优先集中于中心城市，而后向节点城市扩散。随着产业发展，技术与资金密集型企业向中心城市集聚，劳动、资源密集型企业初步向大城市郊区，二线城市转移。显而易见的是，规模大的城市对于创新要素（特别是高层次人才）的集聚效应更强，而城市规模的不断扩张又在进一步强化此种集聚效应。从既有的研究可以看出，规模较大的城市对城市吸引力和劳动生产率有显著作用（朱道才，2006；陈卓咏，2009）。在我国，城市平均劳动生产率随着城市规模的扩大而提高，且东部城市的平均劳动生产率受城市规模的影响更加明显（郭艳，2004）。城镇人口规模是城镇规模等级的集中体现，长三角地区人口总数为1.5亿人，约占全国的11%①。如此众多的人口集聚，创造出更多的产品需求和劳动力供给，进而吸引大量厂商聚集。在集聚效应和外部效应的作用之下，扩大城镇规模将显著提高城市平均劳动生产率，即广义技术创新率。

（3）城镇空间网络。城镇空间网络是城镇横向结构特征的表现形式。城镇作为产业集聚的空间载体，具有特殊的网络结构特征，主要包括城镇经济空间网络和社会网络两个部分。城镇经济空间网络是产业与城镇相互适应性发展的结果，其形成和发展在于：产业集聚形成复杂的生产网络，使行业上、中、下游企业在同一地区集中，并且形成以城镇交通网络为基础的产业体系。相较于城镇经济空间网络对于产业集聚的作用，社会网络对隐性知识转移和扩散的作用更为明显。隐性知识的特点决定了其传播必须以"信任"为前提，城镇社会网络的发展使企业技术人员有了相互"信任"的基础。隐性知识的传播扩散在技术人员非正式的交流过程得以实现。因而，城镇空间网络的发展提高了生产效率和隐性知识传播效率，对产业集聚并向高端迈进具有重要的推动作用。

（4）区域制度环境。区域制度环境是由特定的制度所构成的一个区域的社会经济环境，包括区域的司法律、法规、条例等正规制度和习俗、文化、传统等非正规制度（张军，1998）。产业集聚的条件之一在于区域制度环境能否有效降低交易成本。地方政府往往通过优惠的财税、土地和投资政策，吸引厂商入驻，

---

① 国家发改委. 长江三角洲城市群发展规划（2016）[R]. 2016.

改善资源配置以形成产业集聚。区域制度环境的创新实际上是产业集聚的激励因素,如地方产业园区、科技园区和高新技术区都是这方面的产物。面临产业转型升级迫切需求,地方政府因势利导地出台对于科技创新的激励制度,对于集聚技术创新要素、提高技术创新活动效率都有明显的作用。

4.2 城镇化、产业集群与技术创新拟合分析

基于现实的考察,城镇化与产业集群发展呈现空间分布交叠形态,并且两者的交叠形态对区域技术创新活动产生影响,城镇、产业和技术创新活动呈现特殊的空间联结,并且相互作用。本书利用相关数据拟合,以期进一步刻画对城镇化、产业集群和技术创新之间的联系。

4.2.1 城镇化与产业集聚的拟合

学术界对产业集聚测度的研究众多,具有代表性的指标方法包括空间基尼系数、区位熵和赫芬达尔指数等。为了直接表现城镇化与产业集群的协同关系,本书选取区位熵对产业集聚度进行判定。区位熵在衡量某一区域要素的空间分布情况,反映某一产业部门的专业化程度,以及某一区域在高层次区域的地位和作用等方面是一个很有意义的指标。在产业结构研究中,区位熵是产业集中度测量的常用指标,其计算公式为:

$$LQ_{ij}(t) = \frac{q_{ij}(t)/q_j(t)}{q_i(t)/q(t)} \tag{4.1}$$

式中,$q_{ij}(t)$表示t时期内j地区的行业i就业人口数量,$q_j(t)$表示t时期内j地区的就业人口总数,$q_i(t)$表示t时期内行业i就业人口数量,$q(t)$表示t时期内全国就业人口总数。如$LQ_{ij}(t)>1$,则表示t时期内行业i在j地区相对集中;如$LQ_{ij}(t)<1$,则表示t时期内行业i在j地区相对不集中。

本书从 2005~2015 年的《中国统计年鉴》《中国城市统计年鉴》以及长三角城市统计数据中，选取制造业①从业人员数据，对长三角及全国制造业的集聚状况进行分析。在制造业的具体行业选取方面，本书主要根据中国 2002 年制定的《国民经济分类和代码》，将制造业分为 28 个二位数行业，并按照要素密集程度对所选取的行业进一步划分为劳动密集型、技术密集型和资金密集型。本书以全国 31 个省、自治区、直辖市（不包括港澳台地区）的数据作为统计样本，对全国范围的城镇化与产业集聚进行拟合。

如图 4-3 所示，全国主要省市城镇化率与产业集聚度变动趋势总体上呈现较高的一致性②。其中，江苏省、广东省、福建省、山东省、天津市的 LQ 值均超过 1.2，表明这些省市的产业集群集聚程度较高。上海市、浙江省、江西省等省市 LQ 值也在 1.0 以上，表明这些省市的产业集群集聚较为明显。其余几个省、自治区的 LQ 值在 1.0 以下，说明这些区域的产业集聚度较低。总体来看，东部沿海省市的产业集聚度比较高，表明产业呈现集聚于沿海经济较为发达地区的趋势。与东部地区相比，中西部地区的产业集聚程度较弱。中西部地区的区位劣势、市场化程度较低、知识及人力资本不足等因素仍然是产业迁入和集聚限制条件。

为了进一步分析城镇化与产业集聚的相互作用，本书以城镇化率和产业集中度为轴，建立城镇化率与产业集中度象限图（见图 4-4）。结合不同区域中城镇化与产业集群的发展现状，可以对城镇化、产业集聚作进一步分析：

（1）在图 4-4 中，Ⅰ象限区域为高产业集中度、低城镇化率区域，如河南省、江西省。该区域制造业相对比较集中，但是城镇化水平比较低，产业与城镇化发展水平不协调，显示该区域城镇化发展滞后于产业发展水平，城镇建设无法为产业进一步发展提供环境承载空间。

---

① 之所以选择制造业原因在于，制造业在全国特别是长三角地区起步较早，历经多年发展。长三角的许多制造业已经呈现集聚特征。另外，相对于其他行业，制造业与城镇空间的联系更为紧密，以制造业为主要研究对象其结果具有一定的代表性。

② 限于数据量过多及篇幅，此处以 2015 年拟合数据为例进行说明。

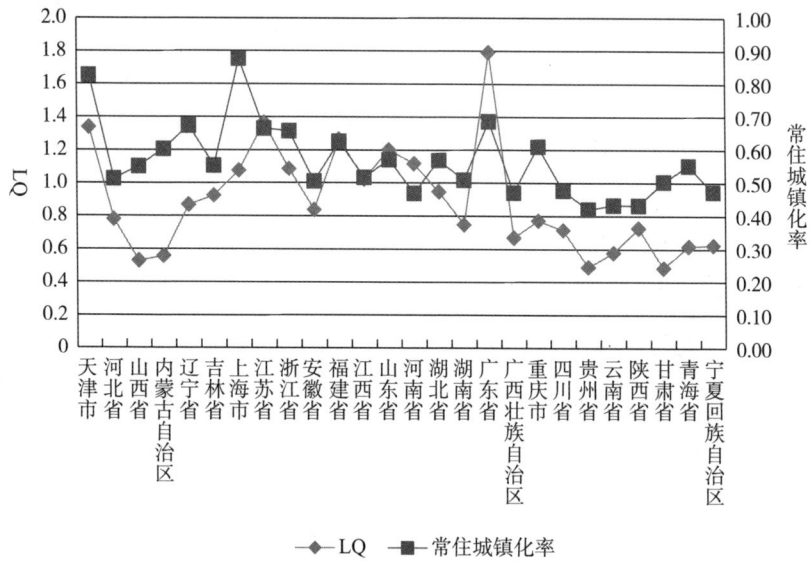

图4-3 全国常住城镇化率与产业集聚度拟合（2015）

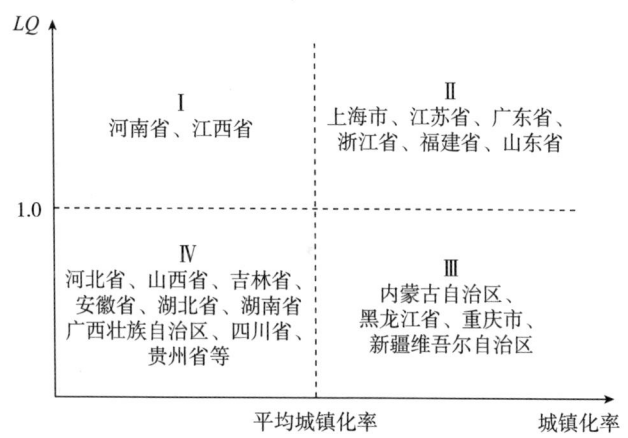

图4-4 城镇化率与产业集中度象限

（2）图4-4中，Ⅱ象限区域为高产业集中度、高城镇化率区域，主要为我国东南部沿海经济发达地区，如上海市、江苏省、山东省、浙江省、广东省、福建省，该区域产业集群集聚效应显著，同时城镇化发展处于较高水平，产业与城镇化之间相互协调发展，城市建设为产业发展提供良好的承载空间。与此同时，产业集聚成为城市建设的助推器，使城市在吸引人才、招商引资、财政收入等方面具备较强的竞争优势。

（3）图4-4中，Ⅲ象限区域为低产业集中度、高城镇化率区域，具体区域为内蒙古自治区、黑龙江省和重庆市。该区域较高的城市建设水平并没有引致产业迁入，产业集聚并未显现。产业发展水平较低易导致城市发展空心化，该区域城镇化水平主要体现为较高的人口城镇化率。实际上，由于地方产业发展基础薄弱，产业所提供的就业岗位少于就业需求。可以预见的是，该区域如未能有效扭转产业发展态势，城镇就业人口迁出将是必然，较高的城镇化率也将难以维持。

（4）图4-4中，Ⅳ象限区域为低产业集中度、低城镇化率区域，该区域主要为中西部欠发达地区，如河北省、山西省、吉林省、安徽省、湖北省、湖南省、广西壮族自治区、四川省、贵州省等。该区域城镇与产业发展都处于较低水平，由于区位劣势，中西部地区的部分省市经济发展较为落后。近些年，由于生产要素价格上涨，东部地区的部分产业逐步向生产要素价格较低的地方转移，但首先受益的是在区位上接近于发达地区的相邻省市，比如上海市的化工行业向苏中、苏北转移，金属制品行业向浙江的浙北、浙西转移。而中西部地区落后的城镇建设，城市交通、教育和城建等方面财政投入不足也限制了产业迁入。

4.2.2 城镇化、产业集群与技术创新的空间特征

在城镇经济体中，技术创新的影响因素十分广泛，既可来自企业内部生产效率的提升，也可来自企业外部，如产业发展环境和营商环境改善带来的企业生产效率的提高。这些内外部影响因素都与城镇化、产业集群发展密切相关。一是城镇化在为产业集群提供发展空间，同时也为隐性知识的传播提供了活跃空间，社群组织、非正常组织的活跃，进一步促进人际关系网络的发展。特别需要指出的是，技术创新人际关系网络的形成与发展，是技术创新活动的扩散和溢出的重要前提。二是产业集群的发展对技术创新的影响是显而易见的。生产要素集聚过程中，创新要素也随之集聚。产业集群既是同类型企业在某一地理空间的集聚（横向集聚），又是上下游企业某一地理空间的集聚（纵向集聚）。因而，产业集聚

往往是一种网状集聚。在网状集聚的形态下，人才、知识与技术等创新要素的流动更加频繁，其流动路径更为多元，创新要素集聚效应也更加明显。城镇化、产业集群及两者的相互作用影响着技术创新活动，城镇化、产业集群与技术创新呈现一致的空间特征。

为了客观地描述我国创新活动的状态，本书从时间、空间（地域）、创新主体和技术创新领域等多个维度着手，对2012~2015年世界知识产权组织（WIPO）公布的35个技术领域的专利创新活动展开研究（见表4-1）。近年来，我国的发明专利公开量呈现快速增长态势。在一级技术领域中，化学领域的发明专利公开量最高，包括机械工程等各一级技术领域发明专利公开量均呈增长态势。在二级技术领域中，包括电机/电气装置/电能、数字通信、计算机技术、测量、控制、有机精细化学、生物技术、高分子化学/聚合物、基础材料化学等25个技术领域为国内的技术创新方向。其中，电机/电气装置/电能、计算机技术、测量、数字通信、基础材料化学、其他专用机械、材料/冶金、机床8个领域是2018年来国内技术创新的主要热点领域①。

表4-1 2012~2015年中国各省区市的技术创新成果　　　　单位：件

省区市	发明专利授权量	电机/电气装置发明专利授权量	计算机技术发明专利授权量	数字通信发明专利授权量	基础材料化学发明专利授权量	机床领域发明专利授权量	材料/冶金发明专利授权量	测量领域发明专利授权量
北京市	97040	5634	10484	12228	7755	2030	5602	11279
天津市	14180	859	578	235	1043	778	882	1467
河北省	9989	573	127	115	897	846	1090	830
山西省	6529	303	66	36	756	497	880	541
内蒙古自治区	2396	69	34	10	201	69	378	133
辽宁省	18083	1304	458	248	1336	1547	2626	1576
吉林省	6659	313	130	64	566	284	470	964

---

① 数据来自《全球专利创新活动研究报告2016》。

续表

省区市	发明专利授权量	电机/电气装置发明专利授权量	计算机技术发明专利授权量	数字通信发明专利授权量	基础材料化学发明专利授权量	机床领域发明专利授权量	材料/冶金发明专利授权量	测量领域发明专利授权量
黑龙江省	10921	738	451	337	709	729	736	1542
上海市	50551	3891	2748	2875	2845	2156	3167	4704
江苏省	86194	7565	2841	2372	5381	6614	5732	6785
浙江省	57536	5227	1741	2326	2870	4059	3288	4142
安徽省	22225	1484	385	229	1690	1421	1825	1633
福建省	14638	1087	713	652	848	593	999	919
江西省	4327	245	110	33	282	159	749	303
山东省	42629	1630	910	690	3420	1827	2813	2744
河南省	15005	1005	245	229	1116	858	1895	1186
湖北省	20237	1288	1040	854	1409	1120	2343	2071
湖南省	17570	1135	625	273	1166	782	2144	1375
广东省	96735	10380	8545	19639	4765	3048	3004	5311
广西壮族自治区	7789	358	81	106	1009	406	782	442
海南省	1680	8	15	24	287	14	33	39
重庆市	10921	635	338	457	429	788	883	1201
四川省	23216	1394	1095	1250	1518	1004	2325	2221
贵州省	3868	280	35	24	329	223	593	244
云南省	6022	161	76	22	591	153	816	423
陕西省	19674	1244	1433	896	1816	1054	2036	2718
甘肃省	3475	176	34	31	397	97	400	328
青海省	454	14	0	5	39	2	110	16
宁夏回族自治区	983	57	10	11	72	62	188	44
新疆维吾尔自治区	2479	67	22	5	337	73	237	135

资料来源：《全球专利创新活动研究报告2016》，经笔者整理获得。

如表4-1所示，2012~2015年我国31个省、自治区和直辖市中，经济发达地区授权发明专利总量处于领先水平。其中，北京市、广东省、江苏省位列前三，授权发明专利总量分别为97040件、96735件、86194件。总体而言，东部沿海地区显出较强的技术创新能力，中西部地区的发明专利授权总量则远落后于东部地区，区域间技术创新能力的差异非常悬殊。我国技术创新活动的主要活跃区域位于环渤海经济圈、长三角经济圈和珠江三角洲经济圈，北京市、江苏省、广东省分别为这三个热点区域的技术创新龙头，且热点省市对于周边区域的技术创新辐射和溢出效应也较为明显。

4.2.2.1　城镇化与技术创新活动的空间联结

基于前文所构建城镇经济体一般生产函数，城镇化作为产业发展的空间载体，其建设支出及水平影响着技术创新活动。产业集聚下，城镇化的不同阶段对技术创新活动的影响是"非线性"的。从结果看，这种"非线性影响"主要体现在技术创新活动的产出（直接表现为发明专利授权量）并不随着城镇化率的提高而线性增长。城镇化对于技术创新的非线性影响也体现在某一时间截面，在城镇化率接近的省份之间，技术创新活动产出也存在较大差异。

由于我国城镇化发展水平并不均衡，因此，进一步将区域城镇化率与创新活动活跃程度进行对比分析，可以看出城镇化与技术创新的空间联结呈现明显的异质性，具体体现为：

其一，在技术创新活跃区域（环渤海经济圈、长三角经济圈和珠江三角洲经济圈），其城镇化率都处于较高水平。表明在经济发达地区，城镇化发展与技术创新活动的相容性高，且呈现明显的正反馈效应。城镇空间所形成的社会、文化和社交网络等支持企业技术创新活动有效开展。

其二，在技术创新低活跃区域（我国的东北、中西部地区），城镇化在不同省际间未出现一致性特征。重庆、新疆、内蒙古、黑龙江等省市区城镇化率已经高于全国的平均水平，但区域技术创新能力仍处于较低水平。显然，这些地区的城镇建设并未直接对企业技术创新活动产生直接或者正面的影响，城镇化和技术创新活动两者之间的协同处于较低水平。在技术创新低活跃区域中，城镇化建设水平较低的地区，如河北省、山西省、安徽省、湖北省、湖南省、广西壮族自治区、四川省、贵州省等，其技术创新能力处于较低水平。表明这些区域的城镇建设水平与技术创新活动可能存在负反馈，即落后的城镇建设无法吸引企业迁入，生产要素集聚度低。孱弱的技术创新能力限制了企业发展空间，地方政府财税资源的不足也影响城镇建设的发展。

4.2.2.2 产业集群与技术创新活动的空间联结

产业集聚与技术创新的关系研究始于19世纪末。Marshall（1920）提出企业在某个区域集聚将形成规模效应。企业集聚缩短了新想法、新知识以及新技术的传播距离，加速信息和资源的交流与传播。Arrow（1962）、Romer（1986）进一步完善Marshall关于产业集聚"外部性"的理论，认为产业在地理空间的集中能够增大企业间的知识溢出效应，提升区域的创新活动水平。上述观点主要聚焦于企业专业化集聚对技术创新的影响，而Jacobs（1969）则提出了多样化集聚对技术创新的影响更甚，其认为新思想和新产品更容易在多样化的产业结构中产生，多样化产业集聚使创新思想相互交流和碰撞，知识溢出在多样化产业间更显著，即Jacobs外部性。国内学者结合国外研究方法，从区域层面、行业层面和经济开放环境等方面研究产业集聚对于技术创新的影响。从区域层面看，产业集聚对技术创新的影响的研究结果存在不同观点：方齐云、吴光豪（2015）等认为，在高新技术产业集聚与技术创新的关系在东部地区表现为负相关，中西部为正相关。而杨浩昌、李廉水和刘军（2015）等的研究结果与之相反，认为在考虑人员、经费、制度和外商投资条件的情况下，产业集聚对技术创新具有正向影响，且我国东部地区产业集聚对技术创新的促进作用明显要高于中、西部地区。从行业层面看，曹玉平（2012）、谢波（2013）等的研究表明，产业集聚对于不同行业技术创新活动的影响程度有所不同，产业集聚对制造业和资源产业技术创新的促进作用并不十分显著，资源依赖型产业的产业集聚会抑制区域创新（刘军等，2016）。

诸多研究表明，学者们在产业集聚与技术创新两者之间的关系研究上难以形成一致性的判断。从实证分析的结果看，产业集聚与技术创新之间的关系并非一成不变，两者之间的关系是动态的、非线性的。随着产业集聚程度的提高，技术创新效率呈现先渐增、再递减的发展态势，两者之间的关系可能呈现出倒"U"形曲线（杜江、张伟科、葛尧，2017；陶爱萍，2017；高小飞、刘和东，2011）。由于区域内的市场和环境空间都有限，一旦产业集聚程度超出该地区的市场容量和环境承载力，日益显现的"拥挤效应"将增加企业生产成本和创新成本。如果产业集聚引致的"拥挤成本"低于"溢出效应"的收益，产业集聚对于技术创新的影响将是正面的，反之则是负面的。

综合来看，产业集聚对于技术创新活动的影响研究并未形成一致结论。产业集聚程度、行业性质、环境承载力及区域经济开放程度等因素影响两者之间的关系，并使这种关系呈现正相关、负相关或者是非线性关系。在我国，技术创新活动的区域差异十分明显，其本质上是产业集聚的区域特征差异（包括经济发展水平、区位、人文和社会等方面）对于技术创新活动产生影响的集中体现。在我国，产业集聚与技术创新活动的空间联结呈现四种不同特征：

（1）技术创新活跃区域与高产业集中度的空间联结。如我国长三角、珠三角地区以外向型经济为主导，在承接产业转移的过程中形成了自身的产业发展特色，特别是制造业集中度一直处于全国领先水平。

（2）技术创新活跃区域与低产业集中度的空间联结。我国的环渤海区域为技术创新活动的热点地区，但其产业集中度水平与长三角、珠三角区域有较大差异，特别是北京的产业集中度较低，产业集聚不明显。显然，以北京为代表的环渤海区域，其技术创新的活跃进一步表明了产业集聚与技术创新活动的正相关并非必然。这也表明，在特殊的区位空间，产业不集聚仍可能出现较高的技术创新产出。

（3）技术创新低活跃区域与低产业集中度的空间联结。相对于东部沿海经济发达地区，我国中西部地区的经济基础较为薄弱，产业发展和集聚都处于较低水平，创新要素在现有的产业环境下难以有效集聚，技术创新能力不足制约了企业的发展空间。

（4）技术创新低活跃区域与高产业集中度的空间联结。我国东北部地区是传统的工业基地，制造业集中程度较高。但该区域技术创新能力较弱，甚至不如中西部某些产业集中度低的省份。产业集聚与技术创新两者呈现的是负相关关系，出现此种情况的原因可能来自产业结构与技术创新发展方向不匹配、人才结构与技术创新需求不匹配等多个方面。特别是传统产业的过度集聚、资源消耗、产能过剩，使该区域的环境承载力面临严峻考验，创新要素无法在该区域落地集聚是其技术创新能力落后的主要原因。

4.3 研究拓展：城镇化和产业集聚作用下的技术创新综合评判

技术创新能力的发展来自社会经济活动中诸多因素的共同作用。城镇是社会活动的主要空间，产业是经济活动的重要形态，两者的关系属性是技术创新能否发展的重要原因之一。需要进一步确认的是，产业集聚对城镇空间的需求是否引致其对技术创新影响的属性变化？作为技术创新而言，城镇化与产业集聚之间的关系是对立还是可以互相传导的？基于上述考虑，本书以城镇化率为横坐标，产业集中度为纵坐标（以年度平均城镇化率作为城镇化分界值，以LQ值为1作为产业集聚水平分界值），建立技术创新的城镇化—产业集聚二维分布图（见图4-5），以验证城镇化、产业集聚与技术创新的关系，并为下一阶段城镇化与产业集群分析模型的建立提供现实依据。

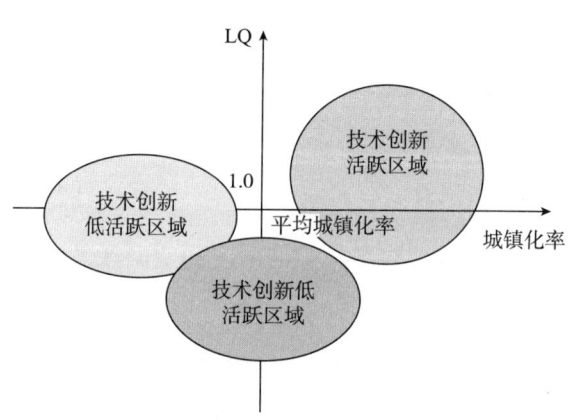

图4-5 技术创新的城镇化—产业集聚二维分布

在基于 2012~2015 年我国 31 个省、自治区、市（不包括港澳台地区）授权发明专利总量数据的分析基础上，前文对于我国省域之间技术创新活动做出了总体判断，即存在技术创新热点区域（东部沿海经济发达地区）和技术创新非热点区域（东北、中西部地区）。如图 4-5 所示，可以进一步判断的是：

（1）在技术创新活跃区域，城镇化率与产业集聚可能出现两种情况：一是城镇化率与产业集聚呈现双高特征，即高城镇化率和高 LQ 值。比如长三角地区的江浙沪、珠三角地区的广东省，经济发展以外向型为主导，在承接产业转移的过程中形成了自身的产业发展特色，特别是制造业集中度一直处于全国领先水平。由于经济发展累进效应，城市建设也处于全国领先水平，城镇化发展水平高，城市建设为产业发展提供良好的承载空间。产业与城镇之间形成相互协调发展的良好态势。与此同时，产业成为城市建设的助推器，使城市在吸引创新资源要素方面具备竞争优势。二是产业集聚度较低而城镇化率高，典型代表是环渤海经济圈为技术创新活动的热点区域，但其产业集中度水平与长三角、珠三角区域有较大差异，特别是北京市产业集中度较低，产业集聚不明显。显然，以北京市为代表的环渤海区域，其技术创新的活跃进一步表明了产业集聚与技术创新活动的正相关并非必然。在特殊的区位空间，产业集聚度不高仍可能出现较高的技术创新产生。

（2）在技术创新低活跃区域，区域城镇化与产业集聚呈现不协调特征。城镇化与产业集聚不协调可分为两种不同类型：一是产业集聚度高而城镇化率低，比如东北地区的制造业集中度较高，显示该区域相关产业集中程度较高。与之相反的是，该区域技术创新能力较弱，甚至不如中西部某些产业集中度低的省份。产业集聚与技术创新两者呈现的是负相关关系，出现此种情况的原因可能来自产业结构与技术创新发展方向不匹配、产业集聚效应给城市带来了拥挤效应，产生拥挤成本、公共产品供应不足、环境破坏、资源浪费、过度竞争等现象，而这些现象所带来的不经济利益超过了集聚效应所带来的经济效益。二是产业集聚度和城镇化率呈双低特征。该区域主要为中西部欠发达地区。由于区位劣势，中西部地区的经济发展较为落后，城镇与产业发展都处于较低水平，城镇无法吸引人才、产业基础薄弱也难以引致创新要素汇集。中西部地区落后的城镇建设，城市交通、教育和城建等方面财政投入不足也限制了技术向其转移。

综上所述，城镇化、产业集聚与技术创新三者之间形成相互交织、相互作用、相互影响的复杂关系。城镇化、产业集聚与技术创新之间呈现明显的"非线性"关系：城镇化率高的区域并不意味着技术创新一定活跃。高产业集中度的区域，其技术创新活跃度可能较低。单纯地考虑产业集聚与技术创新的联系，或者城镇化与技术创新的关系，实际上无法揭示技术创新活跃程度的一般规律。

4.4 本章小结

产业集聚吸引大量外来人口，城市繁荣与市场发展伴随而至。同时，产业发展需要空间支持。城市建设中着力推进的开发区、高新区和新区建设，拓展了产业的进一步发展空间。但与此相伴的是"城市病"凸显，限制城市与产业进一步发展。本章从探索研究城镇化与产业集群之间是否存在协同发展关系出发，运用2005~2015年的《中国统计年鉴》《中国城市统计年鉴》相关数据及中国各省域的发明专利授权数据（2012~2015年），做了如下基础性工作：

（1）以长三角为例，考察城镇化与产业集群空间分布存在明显的交叠特征，并从资源要素基础、城镇规模分布、城镇空间网络和区域制度环境四个方面分析城镇化、产业集群与创新活动的空间联结。

（2）通过区位熵（LQ）指标的测算对产业集聚度进行测试，并与对应区域的城镇化率进行了拟合。总体来看，全国主要省市城镇化率与产业集聚度变动趋势总体上呈现较高的一致性，进一步构建城镇化率与产业集中度象限图，深入分析城镇化与产业集聚不同形态的具体表征。

（3）结合技术创新成果数据，对区域技术创新活跃度进行分析。环渤海经济圈、长三角经济圈和珠江三角洲经济圈为我国技术创新活跃区域。北京市、上海市、广东省分别为这三个活跃区域的技术创新龙头,且热点省市对于周边区域的技术创新辐射和溢出效应也较为明显。在此基础上,总结归纳出城镇化、产业集群与技术创新的空间交叠特征,以期对城镇化和产业集聚作用下的技术创新发展态势进行综合评判。

分析结果表明:

(1) 长三角地区城镇化与产业集群空间分布呈现明显的空间交叠特征,城镇化水平的提升与其产业集聚紧密联系。长三角地区城镇化率较高的是主要节点城市和城市核心地区,由此形成城镇布局的点状形态。城镇点状形态与产业集群的线性形态在空间上产生了交叠。而从全国范围看,城镇化与产业集聚可分为四种不同形态,城镇化与产业集群处于不同发展阶段对于区域经济发展及技术创新产生了不同影响。

(2) 城镇化与技术创新的空间联结呈现明显的异质性,具体体现为:其一,在技术创新活跃区域的城镇化率都处于较高水平。城镇空间所形成的环境、文化和社交网络等支持企业技术创新活动有效开展。其二,在技术创新低活跃区域,城镇化水平与技术创新的关系并未出现一致性特征。

(3) 从现实考察看,我国技术创新活动的省际差异十分明显,其本质上是产业集聚的区域特征差异(包括经济发展水平、区位、人文和社会等方面)对于技术创新活动产生影响的集中体现。产业集聚与技术创新活动的空间联结呈现四种不同特征。

(4) 通过建立技术创新的城镇化—产业集聚二维分布图,对城镇化和产业集聚作用下的技术创新进行综合评判:在技术创新活跃区域,城镇化率与产业集聚可能出现两种情况(城镇化率与产业集中度呈现双高特征和产业集中度较低与高城镇化率);在技术创新低活跃区域,区域城镇化与产业集聚呈现不协调特征。

总的来看,城镇化、产业集聚与技术创新三者之间形成相互交织、相互作用、相互影响的复杂关系。城镇化、产业集聚与技术创新之间呈现明显的"非线性"关系:城镇化率高的区域并不意味着技术创新一定活跃。高产业集中度的区域,其技术创新活跃度可能较低。单纯地考虑产业集聚与技术创新的联系,或者城镇化与技术创新的关系,实际上无法揭示技术创新活跃程度的一般规律。上述研究越发证明,城镇化和产业集群两者相互作用的性质(相互促进还是相互限制)及作用的强弱程度,可能是促进或者制约技术创新活跃程度的根本原因,这为后续研究建立城镇化—产业集群分析模型提供了必要的理论需求与现实基础。

第5章 城镇化与产业集群耦合及模型建立

城镇与产业功能融合、空间整合,两者协同发展是我国城市经济发展的主要方式。城镇功能与产业集群发展协同并进、相辅相成,良性互动的科学发展状态,是当今世界产业区发展的一个新趋势。城镇化和产业集群如按照正向交互作用,相互适应、相互促进,形成正反馈回路,则有利于两者协同发展,促进区域城市化和工业化融合发展。相反,如果两者割裂式发展,或形成互不适应、相互制约的负反馈回路,则容易对区域经济产生负面影响。从前文的现实考察看,城市区位、环境、功能与产业集聚是否协同与引致区域技术创新能力的差异。因此,建立一个科学模型以准确评价城镇化、产业集群两者之间相互作用的性质(正反馈或者负反馈)和程度(强或者弱),对于城镇化、产业集群和技术创新在区域的持续发展具有重要意义。

5.1 城镇化与产业集群耦合概念

自20世纪90年代以来,产业集群作为一种典型的经济活动空间组织形式,为地方经济做出巨大贡献,已经成为我国区域经济发展的主要模式。产业集群作为一种相对稳定的产业组织形式，学者普遍认为其发展可以促进技术创新：产业集聚下创新网络的形成、知识转移、外部效应和集群学习都能够促使集群企业技术创新能力的提升。但现实情况却是，一些曾经给地方经济带来繁荣的产业集群发展开始出现停滞或后退，很多地方产业集群普遍呈现出技术创新能力弱和动态适应性不足，集群企业的发展受到限制。产业技术创新发展的限制因子可能来自多个方面，诸如创新要素短缺、知识和技术溢出孱弱、高层次人才与创新需求的结构化矛盾等，这些限制性因子不仅来自集群内部，也来自集群外部。

从前文的现实考察看，在我国的东部、中部、西部，城镇化、产业集群发展的差异化十分明显（互相限制或者互相促进），且技术创新活跃度也随之变化。可能的原因在于，城镇化和产业集群如按照正向交互作用，相互适应、相互促进，形成正反馈回路，则有利于两者协同发展，促进区域城市化和工业化融合发展。相反，如果两者割裂式发展，或形成互不适应、相互制约的负反馈回路，则容易对区域经济产生负面影响。为对城镇化、产业集群两者之间相互作用的性质（正反馈或者负反馈）和强度（强或者弱）科学判断，本书将城镇化与产业集群视为区域两大经济系统，借鉴和引入协同学中的"耦合"概念，以评价和度量城镇化与产业集群两者相互作用性质和程度。所谓"耦合"指的是两个或多个系统之间相互作用的性质和程度，包括正反馈和负反馈，前者相互促进，后者则相互限制。因此，借鉴协同学中"耦合"的概念，可以对城镇化系统与产业集群系统的交互作用进行评价和度量。城镇化—产业集群耦合度是指城镇化与产业集群作为区域两大经济系统，两者相互作用或系统中的关键要素相互作用的程度。如果两者按照正向交互作用，相互适应、相互促进，形成正反馈回路，就会增加两者的耦合度，有利于创新效率的提高及两者的共同发展。相反，如果两者割裂式发展，或形成互不适应、相互制约的负反馈回路，就会降低两者的耦合度，降低产业和城市的创新效率及不利于两者的协同发展。因此，城镇化—产业集群耦合度反映了城镇化和产业集群两者彼此作用影响的性质和程度。

5.2 城镇化—产业集群耦合模型

借鉴"协同学"的相关理论,本书拟构建城镇化—产业集群耦合模型,以评价城镇化与产业集群两个系统之间的相互作用。从协同学的角度看,耦合作用和协调程度决定了系统在达到临界区域时走向何种序与结构,或是称决定了系统由无序走向有序的趋势。根据协同理论,系统由无序走向有序决定于系统的关键变量,本书将之称为序参量,系统内部序参量之间的协同作用左右着系统相变的特征与规律,耦合度正是反映这种协同作用的度量。

5.2.1 城镇化—产业集群序参量的确定

根据协同学的耦合理论,确定城镇化—产业集群耦合系统的序参量是模型建立的重点,序参量选择原则应体现如下几点:其一,应体现城镇化与产业集群耦合规律,所选指标的代表性应较强;其二,体现人口、社会、经济和环境的系统性,即从比较全面的角度考察两个系统的重要控制变量;其三,近期与长期相结合、动态与静态相结合,并能根据实际情况及时补充、调整相关指标。针对产业集群评价的指标体系研究,前人研究成果较为丰富,如刘爱雄(2007)等提出的产业集群竞争力评价分析及指标体系研究和杨晓云等(2011)等提出的产业集群竞争力指标评价体系都具有可操作性。在实证研究中,本书将根据序参量选择原则及前人研究成果,确定城镇化—产业集群系统耦合的备选序参量指标。耦合意味着指标间具有相关性,因此序参量的选择确定必须通过建立相关性矩阵 D,其为一个 M×N 的相关系数矩阵。M 为城镇化备选序参量指标个数,N 为产业集群备选序参量指标个数。通过剔除显著不相关和相关性较弱的备选序参量指标,确定城镇化—产业集群序参量。

5.2.2 城镇化—产业集群耦合度模型

5.2.2.1 系统有序度

设城镇化—产业集群系统中的序参量为 e_1，e_2，e_1 为城镇化序参量，e_2 为产业集群序参量，其中 $e_1=(e_{11},e_{12},\cdots,e_{1n})$，$e_2=(e_{21},e_{22},\cdots,e_{2n})$，$n\geq 2$。在经济系统中用序参量值来反映系统的有序度，具有正功效的序参量，其值越大说明系统越有序。具有负功效的序参量，其值越小系统越有序，每个序参量皆有上限值 α_{ij} 和下限值 β_{ij}，即 $\beta_{ij}\leq e_{ij}\leq \alpha_{ij}$，可以定义式（5.1）为城镇化—产业集群系统有序度函数：

$$u_i(e_{ij})=\frac{e_{ij}-\beta_{ij}}{\alpha_{ij}-\beta_{ij}},\ i=1,2,\ j=1,2,\cdots n \tag{5.1}$$

由式（5.1）可知，$u_i(e_{ij})\in[0,1]$，其值越大意味着 e_{ij} 对系统有序发展的贡献越大。显然，序参量对于系统的总贡献可通过 $u_i(e_{ij})$ 的集成来实现，实践中可采用几何平均法，如式（5.2）所示：

$$u_i(e_{ij})=\sqrt[n]{\prod_{j=1}^{n}u_i(e_{ij})},\ i=1,2 \tag{5.2}$$

由此可得，u_1 为城镇化序参量对城镇化—产业集群系统的总贡献度，u_2 为产业集群对城镇化—产业集群系统的总贡献度。

5.2.2.2 城镇化—产业集群耦合度函数

为了构建城镇化—产业集群耦合度模型，本书借鉴 Illingworth（1996）容量耦合系数模型，定义下式为城镇化—产业集群耦合度函数：

$$C=\sqrt{\frac{u_1(e_{1j})u_2(e_{2j})}{[u_1(e_{1j})+u_2(e_{2j})]^2}} \tag{5.3}$$

对式（5.3）的几点说明：

（1）耦合度 $C\in[0,1)$，C 值趋向于 1 时，系统耦合度最大，系统之间或者系统内部各个要素之间协调程度最高，系统实现良性共振；当 C 值为 0 时，系统耦合度最小，系统呈无序发展。

(2) 式(5.3)综合考虑了城镇化与产业集群两个子系统的情况,如果一个子系统的有序程度提高幅度较大,而另一个子系统的有序程度没有同幅度提高,则该系统制约另一系统的发展,整个系统不能处于良性耦合的状态。

(3) 式(5.3)是从子系统的序参量系统有序度的相对变化中,把握整体系统的协调状况,因而对整体系统是一种动态把握与分析。

5.2.2.3 城镇化—产业集群耦合协调度函数

耦合度 C 作为反映城镇化与产业集群耦合程度的重要指标,它对判别区域城镇化与产业集群耦合作用的强度以及作用的时序区间,预警两者发展秩序等具有十分重要的意义。但耦合度 C 的测算中面临的一个主要问题是系统有序度计算中的序参量上限值 α_{ij} 和下限值 β_{ij} 的确定,如果简单地以各个地区的基准年期值为下限值、以发展规划值为上限值,虽然可以计算出耦合度 C,但这种计算方式可能产生误导。因为,各个区域的城镇化与产业集群发展建设都有其交错性和动态性,地方政府的发展规划值也不一定科学。为此,本书进一步构建城镇化—产业集群耦合协调度函数,其可判别区域内城镇化与产业集群交互耦合的协调程度,其定义如下:

$$\begin{aligned} Q &= au_1(e_{1j}) + bu_2(e_{2j}) \\ D &= \sqrt{C \times Q} \end{aligned} \quad j = 1, 2, \cdots, n \quad (5.4)$$

式中,D 为耦合协调度。Q 为城镇化—产业集群综合调和指数,它反映城镇化与产业集群的整体协同效应或贡献,a,b 为待定系数。为了计算简便,a,b 取值为0.5。耦合协调度模型虽然简单,但其综合了城镇化—产业集群耦合状态和发展层次。根据耦合协调度 D 值的大小,并结合区域城镇化与产业集群综合序参量大小,在具体的研究中,可以将区域城镇化与产业集群的耦合协调类型进行细分。如表5-1所示,根据协同学及产业集群发展规律,可将城镇化与产业集群的耦合发展分为三个阶段:

(1) 低水平耦合(T1期),城镇化与产业集群发展都处于较低水平,两者耦合状态为低水平调和。城镇化发展水平较低、产业基础较为薄弱,产业集群发展仍处于较低水平。

（2）拮抗耦合阶段（T2期），城镇与产业集群发展不协调。一种情况是产业集群进入快速发展时期，其发展亟须各种资源要素集聚，包括人口、技术和资本等。而此时城镇承载力能力有限，不能完全满足产业集群发展的需要。产业集群发展可能超出城镇承载力范围，制约产业集群发展的限制性因素开始凸显。另一种情况是城镇化快速发展，农村人口向城镇集聚，但产业发展落后于城镇化，其所提供的就业岗位不足以满足快速城镇化的需求。

（3）协调耦合阶段（T3期），城镇化与产业集群发展都处于较高水平，两者耦合状态为调和发展。产业集群与城镇化发展较为同步，产业集群进一步发展所需资源要素在城镇环境的承载力范围之内。

表5-1 城镇化—产业集群耦合协调度分类

耦合协调度 D	总贡献度	耦合状态及特征	耦合阶段
$0 < D \leq \pi_1$	$u_1 > u_2$	产业集群发展滞后	低水平耦合（T_1期）
	$u_1 \leq u_2$	城镇化发展滞后	
$\pi_1 < D \leq \pi_2$	$u_1 > u_2$	城镇化快速发展，产业集群发展滞后	拮抗耦合阶段（T_2期）
	$u_1 \leq u_2$	产业集群发展进入快速期，城镇的负载能力有限	
$\pi_2 < D \leq 1$	$u_1 > u_2$	产业集群与城镇化调和相容，产业集群进一步发展在城镇环境的承载力范围之内	协调耦合阶段（T_3期）
	$u_1 \leq u_2$	产业集群扩容，城镇化水平需进一步提升	

注：π_1，π_2的值需结合区域内产业集群的发展在实证中进行确定。

5.3 城镇化—产业集群耦合模型计量与分析

筛选并确定城镇化与产业集群的序参量集是耦合协调度模型测算结果能否准确的关键所在。本书以国务院发布的《国家新型城镇化规划（2014~2020年）》

中新型城镇化指标为基础,选取区分度较高的指标作为城镇化序参量集 e_1。产业集群竞争力的相关文献较多,前人研究也积累了大量关于产业集群竞争力指标的相关成果。蒋录全等基于系统科学"分析—重构"方法所设计的产业集群竞争力指标体系与系统耦合模型所要求的关键变量要求一致,因此以该文的产业集群竞争力指标评价体系为基础,与已确定的城镇化序参量建立相关性矩阵,剔除显著不相关和相关性弱的指标,可获得产业集群序参量 e_2。具体指标如表5-2所示。

表5-2 城镇化—产业集群耦合模型序参量集

城镇化系统序参量		产业集群系统序参量	
二级指标	二级指标层观测值(变量符号)	二级指标	二级指标层观测值(变量符号)
经济发展	人均 GDP(e_{101})	集聚密度	集聚密度值(e_{201})
	非农产业增加值占 GDP 的比重(e_{102})	发展规模	企业总产值(e_{202})
基本公共服务	城镇常住人口基本养老保险覆盖率(e_{103})		企业固定资产总值(e_{203})
	城镇常住人口基本医疗保险覆盖率(e_{104})	经济效益	企业净利润总值(e_{204})
	城镇常住人口保障性住房覆盖率(e_{105})		人均利润值(e_{205})
基础设施	城镇公共供水普及率(e_{106})	创新能力	省级以上知名品牌数(e_{206})
	城市污水处理率(e_{107})		专利新增数量(e_{207})
	城市家庭宽带接入率(e_{108})		研发人员数量(e_{208})
资源环境	人均城市建设用地(e_{109})		政府创新资助金额(e_{209})
	城市建成区绿地率(e_{110})	开放程度	迁入企业数量(e_{210})

考虑到数据的可获得性,本书以江苏省13个地市及其具有代表性产业集群为实证研究对象①。产业集群与当地社会、经济结合越紧密,通过模型所测算的

---

① 之所以选择江苏省是因为其是我国经济发达省份,城镇化和产业集群在全国都很突出。其中苏南地区是长三角的核心区域,形成南京市、苏州市、无锡市、常州市、镇江市等城市群以及围绕这些城市群形成的众多小城镇,依托这些城市群及小城镇又形成上百个产业集群,其中计算机、半导体、集成电路、服装、家具等产业在全国都具有重要地位,进而使这一地区产业集群和城镇化水平都明显高于全国水平,出现产业与城镇化协调发展以及城乡统筹发展的良好态势,其中苏州的城乡差别最小,成为全国城乡一体化发展的典范。另外,江苏省内部的苏南、苏中和苏北之间存在明显的发展差距,产业集群、城镇化以及整体经济发展水平从南到北依次递减,可在一定程度上反映我国地区发展存在的差距。

耦合协调度值越具有代表性。因此，本书将产业的工业增加值、年平均劳动人数及是否呈现集群特征作为地方代表性产业选择标准。以江苏省13个地市具有代表性产业集群的固定资产净值和平均劳动人数为投入变量，工业增加值作为产出指标。江苏省13个地市2012~2016年城镇化关序参量数据来自历年《江苏省统计年鉴》和《江苏市县统计年鉴》，其产业集群序参量数据从江苏省分行业统计年鉴获得，主观性数据通过问卷方式获得。根据式（5.1）~（5.2），可得2012~2016年江苏省城镇化系统总贡献度（u_1）、产业集群系统总贡献度（u_2）及城镇化—产业集群综合调和指数Q（见表5-3）。在此基础上，并据式（5.3）~（5.4），可计算得出2012~2016年江苏省13个地市城镇化—产业集群耦合度C及耦合协调度D，如表5-3所示。

从结果看，近几年江苏省各地市的城镇化、产业集群系统总贡献度皆成上升态势，表明区域内城镇化和产业集群对于区域经济系统的贡献趋势良好。但从表5-3的数据可以看出，由于江苏省区域经济发展的不平衡，在城镇化与产业集群的总贡献度存在明显的地区差异。在苏南地区（苏州市、无锡市），城镇化、产业集群系统总贡献度都处于较高水平（0.5以上），说明该区域城镇化和产业集聚推动了区域经济的快速发展。另一个值得关注的是，近年来，苏南地区的城镇化总贡献度普遍略高于产业集群总贡献度，表明苏南地区城镇建设为产业集聚拓宽了发展空间。在苏中地区，城镇化与产业集群的贡献度也呈现较好的上升趋势。以南通市为例，其城镇化系统总贡献度从2012年的0.4881上升至2016年的0.5077，表明随着城镇化的发展（城镇化率也呈上升趋势），其对区域经济的贡献度在不断提高。南通产业集群系统总贡献度从2012年的0.5024上升至2016年的0.5623，表明该市产业集聚对于区域经济贡献度处于上升趋势。但是，从贡献度变化可以看出，南通市产业集群的总贡献度增速和增幅都大于同期城镇化的变化，这一结果预示着该区域产业集群的发展速度超过了城镇空间的发展，如果趋势不变的话，未来该区域城镇空间可能限制其产业集群的进一步发展。在苏北地区（如盐城市、连云港市），其产业集群总贡献度一直落后于同期的城镇化总贡献度。这一结果表明，该区域城镇建设领先于产业发展，城市的发展要求

表 5-3 2012~2016 年江苏省城镇化、产业集群总贡献度及城镇化—产业集群综合调和指数

年份 行业（城市）	2012 u_1	2012 u_2	2012 Q	2013 u_1	2013 u_2	2013 Q	2014 u_1	2014 u_2	2014 Q	2015 u_1	2015 u_2	2015 Q	2016 u_1	2016 u_2	2016 Q
仪器仪表制造业（南京）	0.5811	0.5321	0.5566	0.5801	0.5487	0.5644	0.6787	0.6133	0.646	0.7612	0.6811	0.7211	0.8012	0.7111	0.7561
半导体集成电路（苏州）	0.5876	0.6019	0.5947	0.5912	0.6511	0.6211	0.7021	0.7122	0.7071	0.7513	0.7281	0.7397	0.7628	0.7881	0.7754
计算机及配件制造（无锡）	0.5611	0.5727	0.5669	0.5811	0.5917	0.5864	0.6212	0.6032	0.6122	0.6892	0.7017	0.6954	0.7023	0.7209	0.7116
金属制品（常州）	0.5028	0.5542	0.5285	0.5123	0.5644	0.5383	0.5123	0.5644	0.5383	0.5893	0.5912	0.5902	0.6108	0.6023	0.6065
化学纤维制造业（扬州）	0.5221	0.5011	0.5116	0.5328	0.5101	0.5214	0.5525	0.491	0.5217	0.5728	0.5401	0.5564	0.5811	0.5543	0.5677
家具制造业（泰州）	0.4667	0.4764	0.4715	0.4912	0.4928	0.492	0.4612	0.4998	0.4805	0.4832	0.4729	0.4780	0.4899	0.4929	0.4914
纺织服装业（南通）	0.4881	0.5024	0.4952	0.498	0.5121	0.5051	0.4821	0.5237	0.5029	0.4981	0.5721	0.5351	0.5077	0.5623	0.535
精细化工业（镇江）	0.4601	0.4441	0.4521	0.4921	0.4321	0.4621	0.4356	0.4418	0.4387	0.4621	0.4321	0.4471	0.4716	0.4529	0.4622
交通装备制造业（徐州）	0.4645	0.4884	0.4764	0.4812	0.5021	0.4916	0.4711	0.4828	0.4769	0.4812	0.5021	0.4916	0.4912	0.5119	0.5015
食品制造业（淮安）	0.4523	0.4319	0.4421	0.4771	0.4601	0.4686	0.4421	0.4553	0.4487	0.4771	0.4601	0.4686	0.4811	0.4721	0.4766
通用设备制造业（盐城）	0.4239	0.3118	0.3678	0.4762	0.3217	0.3989	0.4525	0.3123	0.3824	0.4562	0.3217	0.3889	0.4667	0.3471	0.4069
新材料（连云港）	0.3809	0.4047	0.3928	0.3916	0.4112	0.4014	0.3818	0.4012	0.3915	0.3916	0.3892	0.3904	0.3991	0.4098	0.4045
纺织服装业（宿迁）	0.3601	0.3899	0.375	0.3612	0.3902	0.3757	0.3518	0.3811	0.3664	0.3612	0.3902	0.3757	0.3818	0.4002	0.391

表 5-4 2012~2016 年江苏省城镇化率、城镇化—产业集群耦合度及耦合协调度值

年份 行业（城市）	2012			2013			2014			2015			2016		
指标	T	C	D	T	C	D	T	C	D	T	C	D	T	C	D
仪器仪表制造业（南京）	0.802	0.4995	0.5272	0.805	0.4998	0.5311	0.809	0.4994	0.5680	0.814	0.4992	0.6000	0.820	0.4991	0.6143
半导体集成电路（苏州）	0.723	0.4999	0.5453	0.732	0.4994	0.5570	0.740	0.5000	0.5946	0.754	0.4999	0.6081	0.755	0.4999	0.6226
计算机及配件制造（无锡）	0.729	0.4999	0.5323	0.737	0.5000	0.5415	0.745	0.4999	0.5532	0.749	0.5000	0.5897	0.749	0.5000	0.5965
金属制品（常州）	0.662	0.4994	0.5137	0.675	0.4994	0.5185	0.687	0.4994	0.5185	0.7	0.5000	0.5433	0.700	0.5000	0.5507
化学纤维制造业（扬州）	0.588	0.4998	0.5057	0.6	0.4999	0.5106	0.612	0.4991	0.5103	0.628	0.4998	0.5274	0.644	0.4999	0.5327
家具制造业（泰州）	0.579	0.4999	0.4855	0.59	0.5000	0.4960	0.602	0.4996	0.4900	0.616	0.5000	0.4889	0.632	0.5000	0.4957
纺织服装业（南通）	0.587	0.4999	0.4975	0.599	0.5000	0.5025	0.612	0.4996	0.5012	0.628	0.4988	0.5166	0.644	0.4993	0.5169
精细化工业（镇江）	0.642	0.4999	0.4754	0.654	0.4989	0.4802	0.666	0.5000	0.4683	0.679	0.4997	0.4727	0.692	0.4999	0.4807
交通装备制造业（徐州）	0.567	0.4998	0.4880	0.581	0.4999	0.4958	0.595	0.5000	0.4883	0.612	0.4999	0.4958	0.624	0.4999	0.5007
食品制造业（淮安）	0.535	0.4998	0.4700	0.551	0.4999	0.4840	0.565	0.4999	0.4736	0.582	0.4999	0.4840	0.597	0.5000	0.4881
通用设备制造业（盐城）	0.51	0.4941	0.4263	0.524	0.4905	0.4424	0.585	0.4915	0.4335	0.601	0.4925	0.4377	0.616	0.4946	0.4486
新材料（连云港）	0.544	0.4997	0.4430	0.557	0.4999	0.4479	0.571	0.4998	0.4424	0.587	0.5000	0.4418	0.602	0.5000	0.4497
纺织服装业（宿迁）	0.51	0.4996	0.4328	0.524	0.4996	0.4333	0.537	0.4996	0.4279	0.555	0.4996	0.4333	0.575	0.4999	0.4421

产业进一步集聚，吸引更多资源要素的流入，防止地方政府主导的城镇化陷入"空心"发展的误区。

从表5-3可见，江苏省各地市城镇化与产业集群的耦合状态也呈现不同特征：2016年苏州市、无锡市、常州市的城镇化—产业集群耦合协调度值在0.55以上，意味着城镇化与产业集群两者发展形成正反馈效应，耦合状态良好（协调共振）。如近些年，苏南的电子元器件、精密仪器制造、新能源等产业集群发展态势良好。2016年，南京市的城镇化—产业集群耦合协调度值为0.6143，这一数值在全省仅落后于苏州市，显示南京市的城镇化与产业集群的协同发展程度处于全省的领先水平，南京市城市建设和产业集聚的同步发展是其赶上并超过苏南经济发展水平重要基础。在苏中地区，城市建设及产业集群的发展态势虽也具备较强的竞争力，但两者的耦合状态并不乐观。如南通市，2016年城镇化率已经达到0.644，但其城镇化—产业集群耦合协调度值为0.5169，远落后于南京市及苏南城市。此结果与上文南通市系统贡献度变化情况一致，即南通区域城镇化与产业集群耦合处于拮抗耦合阶段（T2期），两者发展不协调，相互作用的正反馈效应不明显。其主要原因可能在于，该区域产业集群的发展速度超过了城镇空间的发展（$u_2 > u_1$，u_2增速 > u_1增速），虽然城镇化率在不断提升，但是由于产业集群的快速发展，城镇承载产业发展的能力面临严峻的考验，如果趋势不变的话，未来该区域城镇空间可能限制其产业集群的进一步发展。在苏北地区，宿迁市、连云港市和盐城市产业集群发展较为落后，除了产业集群的发展起步较晚、区位劣势和人才技术引进匮乏等因素外，城镇化—产业集群耦合也一直处于较低水平。2016年，宿迁市、连云港市和盐城市的城镇化—产业集群耦合协调度值都在0.45以下（分别为0.4421、0.4497和0.4486），远远落后于苏南地区，与苏中相比也有不小的差距。

另外，通过耦合模型的测算还可进一步分析耦合协调度值低的原因，即通过u_1和u_2值的对比情况辨析产业集群发展的主要约束，如在盐城市，其产业集群序参量总贡献度小于城镇化序参量总贡献度，即$u_1 > u_2$，产业集群发展限制的主要原因在于产业内部因素；在连云港市，其产业集群序参量总贡献度大于城镇化序

参量总贡献度即 $u_1 < u_2$，产业集群的发展未得到外部环境的有效支持，城镇化水平不足成为限制产业集群发展的原因之一。进一步对 2011～2015 年江苏省主要城市的耦合协调度值的测算，根据系统耦合规律及区域产业集群的发展现状可确定表 5-1 中的 π_1，π_2 为 0.45 及 0.60。

5.4 基于城镇化—产业集群耦合协调度的产业集群效用曲线

为了进一步从机制上考察城镇化—产业集群耦合对产业集群发展的动态影响。在江苏省各地市产业集群发展现状的基础上、结合城镇化与产业集群系统贡献度的变化及城镇化—产业集群耦合协调度值，建立产业集群效用曲线（TU），并根据城镇化—产业集群耦合协调度值划分三个阶段，如图 5-1 所示。

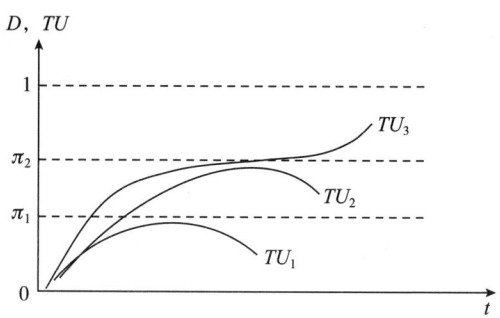

图 5-1 基于耦合协调度的产业集群效用曲线

如图 5-1 所示，第一个阶段为 T_1 期，即城镇化—产业集群低水平耦合阶段（$0 < D \leqslant \pi_1$）。在产业发展早期，众多企业由于降低成本和生产协同的需要向同一地区集聚，规模经济和产业关联效应提高企业运营效率，降低交易成本，因此

产业集群总效用(TU)递增。由于产业规模不大,产业集群在城镇承载力阈值内,产业集群和城镇化呈低水平耦合状态;由于城镇建设的持续投入,地方财政在教育、医疗、交通等方面持续投入,使区域城镇化水平得到快速提高,耦合协调度也呈上升趋势。但是,在此阶段的中后期,由于产业集群发展规模扩大,其发展对外部环境的要求越来越高,城镇化总贡献增加幅度低于产业集群总贡献增加度,城镇化—产业集群耦合协调度π_1成为产业集群发展的第一个门槛(图5-1中的TU_1曲线)。如江苏省宿迁市的纺织服装产业集群、连云港市的新材料产业集群处于低水平耦合阶段。第二阶段为T_2期,即城镇化—产业集群耦合的拮抗阶段($\pi_1 < D \leq \pi_2$),城镇化—产业集群耦合协调度突破第一个门槛值π_1。在此阶段的初期,产业集群进入快速发展期,行业集聚的规模效应再次起到主导作用,行业集聚的作用弹性上升,在很大程度上提升了行业生产率,表现为图5-1中,TU_2曲线前部快速上升。而当TU_2曲线逼近π_2时,意味着产业集群发展面临第二个门槛,即城镇化—产业集群耦合协调度π_2。由于产业集群的快速发展,众多企业集聚在狭窄的地域,城镇化水平停滞不前导致企业过度集聚,形成对各种生产要素相对更大的需求,前一阶段产业集聚所带来的规模经济被挤压,集聚的拥挤效应进一步放大。此时,如果区域城镇化水平无法与产业集群形成良性共振,企业生产经营所需的环境和要素则无法保证,各种生产要素价格急剧攀升,技术型和专业型人才对产业环境和人居环境的认同度下降,企业经营成本上升,则区域产业集群发展停滞,并有可能向更有扩张优势的地方迁徙,导致产业转移。如南通市、扬州市的产业集群目前就处于此阶段。协调发展阶段。第三阶段为T_3期,即城镇化—产业集群耦合的协调发展阶段($\pi_2 < D \leq 1$),城镇化—产业集群耦合协调度突破第二个门槛值π_2,城镇化水平的进一步提升使产业集群再次获得发展空间,良好的生态和宜居城镇环境集聚高层次人才,产业集群的技术创新能力提升,企业生产效率提高,产业集群中的变革式创新行为增多使区域中的产业集群有机会摆脱全球价值链的低端锁定。从江苏省看,苏南地区几个城市刚刚突破第二个门槛值π_2(TU_3曲线),创新型人才和资金的进一步汇集使身处其中的产业集群进一步获得发展,但耦合协调度的提升空间仍然很大。

根据耦合协调度和产业集群行业类型,可以进一步将产业集群进行行业组别分类(见表5-5)。不同的行业组别中,耦合协调度和产业集群规模存在明显差异。对于低水平耦合行业,地方政府应采取"两手抓"的策略,既推进产业集群的规模化发展,同时必须提升城镇化水平,以快速提升城镇化—产业集群耦合协调度为主要抓手。对于拮抗耦合类型的行业,地方政府应识别产业集群贡献度和城镇化贡献度的对比关系,对于城镇化贡献度低的情况下,地方政府应该适度控制产业集聚规模,降低空间集聚程度,同时重点通过提升城镇化水平以改善产业发展内外部环境。对于协调耦合类型的行业,地方政府必须注重产业集群与新型城镇化的动态协调发展,使两个子系统的良性共振得以长期保持。

表5-5 城镇化—产业集群耦合类型与行业组别分类

耦合类型	劳动密集型行业	耦合类型	技术密集型行业
低水平耦合	纺织服装业(宿迁)	低水平耦合	交通运输装备制造业(徐州)
拮抗耦合	家具制造业(泰州),纺织服装业(南通)	拮抗耦合	仪器仪表制造业(南京)
协调耦合		协调耦合	计算机及配件制造(无锡)
耦合类型	资本密集型行业	耦合类型	资源密集型行业
低水平耦合	新材料(连云港)	低水平耦合	金属制品(常州)
拮抗耦合	化学纤维制造业(扬州)	拮抗耦合	橡胶制品业(扬州)
协调耦合	半导体集成电路(苏州)	协调耦合	

5.5 基本结论与启示

城镇化与产业集群是否形成良性共振是区域产业集群获得可持续发展的重要条件,而本书所构建的城镇化—产业集群耦合度及耦合协调度综合反映了城镇化—产业集群两个系统的协调性。通过研究可得出以下结论和启示:

(1) 既往的研究认为产业越集中，其引致的外部经济性越高，这极易形成产业集聚效应只升不降的误区。本书通过实证研究表明，一旦产业集群总贡献度增幅持续超过城镇化总贡献度增幅，城镇承载产业发展的能力将面临严峻考验，如果趋势不变的话，未来该区域城镇空间可能成为其产业集群的进一步发展的限制条件。在此情况下，城镇化—产业集群耦合状态可能成为产业集群发展的"天花板"，如无法有效突破耦合协调度门槛值，产业集群就可能发展停滞、萎缩或者迁移。如果城镇化—产业集群耦合协调度突破门槛值，产业集群则会获得新的发展空间，产业转型升级成为可能。

(2) 城镇化、产业集群的系统总贡献值及其增幅往往是不同步的。因此，即使在城镇化—产业集群耦合度的相同的条件下，对于产业集群发展的限制性因素也会有所不同。为了提高城镇化—产业集群耦合协调度，就必须对两个子系统的贡总献度进行对比分析，及早发现、提前干预并有效治理总贡献度低的子系统。

(3) 地方政府在推动产业发展时，必须采取"两手抓"的综合治理策略。一方面，积极引导产业的规模化发展、重视产业集聚的经济外部性，保持产业集群总贡献度的持续稳定增长；另一方面，注重拓展产业发展空间，提升城镇化水平，扩大城镇对产业集群的空间承载力。在不同的城镇化—产业集群耦合协调度下，抓住人口流动、产业变迁等关键力量，重塑城镇空间，合理安排产业、交通、公共设施布局和功能融合，把握产业集聚与城镇空间之间互动机制、产业集聚规律和城镇空间结构优化，促进产业从绝对优势、比较优势向可持续竞争优势发展。以提高城镇化—产业集群耦合协调度为抓手，做到让生产空间集约高效、生活空间宜居适度，使城市及产业都获得良好的发展环境。最后需要指出的是，由于行业异质性和空间异质性影响着城镇化—产业集群的耦合效应，导致不同区域的城镇化—产业集群耦合门槛值也会不同。

第6章 城镇化与产业集群耦合对技术创新效率的影响研究

城镇化对技术创新存在着较为复杂的影响机理。从协同学来看,城镇化和产业集群是区域中相互作用的两个系统,两者"耦合"作用表现为正反馈或负反馈,前者相互促进,后者相互限制。理论上,两者的耦合度高,有利于创新要素的融合及协同,促进技术创新的发展。两者耦合度低,则反之。为此,本书在前一章构建的城镇化—产业集群耦合模型基础上,进一步采用GMM法实证城镇化与产业集群耦合影响技术创新的理论假设。

6.1 城镇化与产业集群影响技术创新的理论分析

6.1.1 问题提出

从理论上讲,城市化水平的提高对产业技术创新和发展有积极作用。近年来,我国城镇化率也在逐步提高,但在一些城镇化率高的地区,企业技术进步并不明显,创新能力仍然较弱。从第4章的分析可以看出,我国的中西部地区整体处于技术创新低活跃区。中西部地区的不少城市,虽然城市和产业的规模都很大，但产业发展分散，缺乏有效的产业组织，没有形成集群优势，创新能力依然低下。一些研究认为造成这种现象的原因主要有三个方面：

一是政府推动型的城镇化存在问题。政府推动型的城镇化过分强调农地向非农用途的转换，将农民直接转换为"市民"，导致低技能劳动力被源源不断输至城镇，为了消化这些新增的劳动力，政府会对企业的产能进行干预，导致地方产业产能过剩，企业负担被人为加重，无力进行技术改造和升级。政府主导的城镇化模式在推进过程中容易陷入为了城镇化而城镇化的误区，造成城镇化的发展脱离产业、土地、自然资源和人口等发展要素，导致城镇化持续发展的动力不足。

二是孤立发展城镇化的问题。由于快速推进土地城镇化，区域中经济和产业发展滞后于城镇化进程，市场对劳动力需求不足，且失地农民的年龄、健康和非农工作经验等人力资本低下使失地农民的就业率不高。孤立推进城镇化实际上损害了农民的根本利益。相对于传统意义上的城市化，这种城镇化并不足以保证非农产业的发展。孤立推进城镇化的地区，由于非农产业的发展滞后，非自愿型失业现象反而加剧，不利于也无法持续推动当地经济发展。农民进城就业定居，必须要有稳定的就业岗位，而稳定的就业岗位则需要产业集群的支撑。如果城镇产业发展不稳定，随着环境变化会随时发生转移或迁出，那么这种产业提供的就业岗位将是不稳定的，难以形成持续的人口吸纳能力。

三是城镇化"两极化倾向"的问题。中国城镇化进程中出现了"两极化倾向"，特大城市规模迅速膨胀、中小城市和小城镇相对萎缩。城镇化水平上升会转化为大城市发展优势，在市场机制作用下大城市的发展优势会转化为其对资源的牵引力，促使有限的资源从小城镇流向大城市。随着大城市发展优势的上升，小城镇在城市竞争中将处于劣势。即使在产业出现集聚的城镇中，产业规划和城镇规划不配套、不衔接的现象也较为突出。公共服务、城镇建设与产业集群发展不协调，互补性差，造成城镇建设特色不明、城镇形象不佳。城镇对人才、资金、技术等创新要素的集聚作用不显著。由此可见，失去产业支撑的城镇化是一种"被动"城镇化，其结果是非农产业就业率低，市民化进程缓慢，既违背了城镇化发展的初衷，同时也难以持续发展，创新所需的市民文化和社会基础结构在城镇化进程中更是难以形成。城镇化对于创新资源与要素的空间集聚作用不强,无法为技术创新活动提供支持。

上述问题需要我们从产城融合的视角,深入考察城镇化和产业集群如何相互作用,特别是两者之间的相互作用对技术进步与创新产生何种影响,需要哪些条件,政府的政策在其中怎样发挥作用?为此,本章在构建城镇化—产业集群耦合模型的基础上,对城镇化与产业集群相互作用的效果和程度进行评价,同时对技术创新效率进行测算,将城镇化、产业集群与技术创新纳入统一框架,检验城镇化对技术创新效率的影响效应和作用强度,以期为区域创新战略的政策制定提供参考。

6.1.2 理论分析

城市和产业发展的历史表明,产城融合是城市和产业发展的一般规律。城市发展离不开产业,产业特别是工商业和服务业也大多依托于城市,两者相互交融、互相促进。这对产业发展的特殊组织方式——产业集群也不例外。因为大多数产业集群的形成都依托城市或小城镇,很难离开城市提供的基础设施和公共服务孤立发展。在新建的产业集群区、开发区或工业园区,产业和人口的聚集也为城市的形成或拓展提供了基本条件,很容易在此基础上发展为新的城市或拓展原来的城市。城市和产业集群的这种融合和相互促进,可以将产业集群和城市促进创新的要素有效融合和整合,互相促进,形成合力,促进产业和城市的创新。产业集群可通过集群内企业间密切的产业联系、信任、面对面交流、竞争与合作、多种主体的协同创新以及知识溢出等途径,促进创新的形成和扩散,提升集群及城市的竞争力。因此,对于具有显著聚集效应和适合集群式发展的产业,应在城镇化中采用产业集群方式。相反,如果采用非集群式的分散化发展,将在产业组织上失去该产业的竞争力和创新力。另外,城镇化为产业集群提供空间依托,并通过产业和人口向城市的集中,引起企业、大学、研究机构、金融机构、各种商业服务机构,以及人才、技术、资本、知识、信息等创新要素向城市的聚集,进而使城市成为创新和扩散的发源地,为创新提供良好的区域环境。城市的这种聚集和服务功能越强,人居环境越优越,就越能吸引高等级人才、研发机构和各种创新服务机构向城市聚集,对于城市产业集群创新的促进作用也越大。相对单个产业集群中的创新和知识溢出,城市会聚集多个产业集群,相关产业集群之间的产业联系、创新要素流动、知识和信息共享以及跨产业创新,会大大提升创新效率以及创新和知识的外溢效应。再从创新体系中产业和区域的关系看,每一产业内部都有创新的机遇、压力和动力,不同产业间的创新也存在差异,由企业、大学、研究机构、地方政府、中介服务机构等要素组成的区域创新体系及创新溢出效应在不同区域同样具有差异。当产业特征的条状创新与区域特征的块状创新以城市为载体融为一体时,就会实现创新体系中产业创新和区域创新的有机结合,通过产业间创新的多样化和区域多维创新主体及多维溢出效应的发挥,提高产业和城市创新的效率,这种效率在两者孤立或分离式发展下很难或根本无法达到。

根据前一章所建立的城镇化—产业集群耦合度模型,可以对两者相互作用的性质和程度进行评价及度量。如果两者按照正向交互作用相互适应、相互促进,形成正反馈回路,就会增加两者的耦合度,有利于创新效率的提高及两者的共同发展。相反,如果两者割裂式发展,或形成互不适应、相互制约的负反馈回路,就会降低两者的耦合度,降低产业和城市的创新效率及不利于两者的协同发展。例如,产业集群离开城市,没有城市或城镇提供的基础设施、公共服务和创新系统支持,只是在空间扎堆聚集,久而久之就会因缺乏良好的基础设施和公共服务以及创新驱动而陷入衰落。同样,同一或多个产业在一个城市或城镇的过度集中,超出城市或城镇的承载力,就会造成拥挤效应,引起创新要素的流出或低水平配置,不仅影响城市的发展,也会使产业集群因失去创新驱动而陷入衰落或搬迁。由于产业之间在要素密集度、组织结构、技术发展速度以及所在区域的发展水平等方面存在差异或异质性,进而使产业集群与城镇化的耦合对不同产业的技术创新效率出现差异,更何况产业的技术创新效率并非仅受产业集群与城镇化耦合单一因素的影响。因此,两者同样的耦合水平在不同产业间的技术创新效率可能出现不同,或者同样的技术创新效率,在不同产业之间对应的耦合水平不同。下文利用劳动密集型、资本密集型和技术密集型企业的实证研究结果也说明这一点。

从理论上说,一定时期和一定条件下,产业集群与城镇化的耦合度有一个区间或上限,这首先表现在两者融合的规模上。产业集群和城市都有聚集功能,当产业集群在城市一开始采用规模导向的粗放型、低水平发展模式时,尽管也能很快扩大产业和城市的规模,实现产城融合和相互促进,但这只是一种低水平(层次)上的耦合。表现在城市产业片面追求产业规模和数量上的聚集,技术水平和附加值低,资源高消耗、环境污染严重。城市也由于产业的这种粗放发展出现规模快速扩张,人口迅速增加,对基础设施和城市服务功能的需求和投资也随之增加。但在两者的粗放型、低水平发展达到一定规模或极限时,产业和城市都将无法通过规模扩张获得发展,在此之前产业对城市聚集功能的正向作用,以及城市通过提供创新要素、公共设施、公共服务促进产业创新的正向作用都会走向反面,变成相互影响和相互制约的负面效应,进而引起两者耦合度下降。为了扭转这种状况,就必须转变产业和城市发展的方式,走集约化和创新驱动的新路子,将低端产业和价值链中的低端环节从城市(特别是特大城市和大城市)适当转出,实现城市产业在高技术、高附加值水平上的重新聚集,城市和产业都转换到创新驱动、绿色低碳、集约高效的新模式。这种情况下,城镇化与产业集群的耦合度将会再次提升且出现质的飞跃。

6.2 模型设计与指标选取

6.2.1 模型设计

在实证分析中,如何消除模型的内生性是模型设计面临的主要难题。产业集群、城镇化与技术创新之间有可能存在较强的内生性,那么一个地区较高的技术创新效率是由该地区的产业集聚和城镇化带来的创新要素集聚所引致还是相反很难判定。当变量之间可能存在内生性影响时,传统的回归分析易导致结果产生内生性偏差。为了消除内生性偏差,本书采用广义矩估计方法(GMM)进行模型估计，在计量模型中将解释变量和控制变量的一阶滞后项作为方程的工具变量，且 GMM 适用于样本有限的计量模型。

城镇化对于技术创新效率的影响体现为其对行业生产率的提升作用是否显著。在前人研究中，往往用行业生产率与城镇化率（市镇常住人口占全部人口的百分比）做回归的相关性验证，其结果与结论并不一致。究其原因，除了数据匮乏外，主要还在于上述的内生性影响。城镇化和产业集群作为区域经济系统下的两个子系统，两者在区域经济动态发展进程中，既可能相互促进，也可能相互限制。为了考察城镇化和产业集群的相互作用对于技术创新能力的影响，就必须引入能反映城镇化与产业集群关系的变量。因此，本书定义城镇化与产业集群耦合协调度，其值反映城镇化与产业集群两个系统相互彼此作用影响的性质和程度。结合前人研究选择控制变量，设定以下两个计量模型：

模型（1）：$\ln TFP = \alpha + \theta_1 \ln T + \theta_2 \ln T_{t-1} + \theta_3 \ln RD + \theta_4 \ln RD_{t-1} + \theta_5 \ln MAR_{t-1} + \theta_6 \ln FDI_{t-1} + \varepsilon$

模型（2）：$\ln TFP = \alpha + \theta_1 \ln D + \theta_2 \ln D_{t-1} + \theta_3 \ln RD + \theta_4 \ln RD_{t-1} + \theta_5 \ln MAR_{t-1} + \theta_6 \ln FDI_{t-1} + \varepsilon$

6.2.2 变量及指标选取

（1）被解释变量。在实证研究技术进步或技术效率提升对产出的贡献时，学术界常用的方法是采用全要素生产率，用产出增长中扣除劳动、资本等要素投入增长部分的剩余，反映技术进步或技术效率提升对经济增长的贡献。遵循学者们常用的全要素生产率方法，本书用技术创新效率是否显著提升来评价城镇化和产业集群的耦合对技术创新的影响。在实证中，全要素生产率的计量往往受限于生产函数形式的不确定，因此，本书采用 Malmquist 指数来测算累计的增长率。Malmquist 可用来衡量投入产出比，其引入距离函数，通过测度生产决策单位与生产前沿面的距离来反映全要素生产率变化情况。t 期至 $t+1$ 期，基于产出导出下 TFP 增长的 Malmquist 指数可以表示为：

$$M_0(x_{t+1}, y_{t+1}, x_t, y_t) = \left[\frac{d_0^t(x_{t+1}, y_{t+1})}{d_0^t(x_t, y_t)} \times \frac{d_0^{t+1}(x_{t+1}, y_{t+1})}{d_0^{t+1}(x_t, y_t)}\right]^{1/2} \quad (6.1)$$

式中，(x_{t+1}, y_{t+1}) 和 (x_t, y_t) 分别表示 $(t+1)$ 时期和 t 时期的投入和产出向量；d_0^t 和 d_0^{t+1} 分别表示以 t 时期技术 T^t 为参照，时期 t 和时期 $(t+1)$ 的距离函数。

(2) 模型（1）核心解释变量：城镇化率（T）。本书城镇化率按照当前国家统计局的计算方式，即城镇化率（T）= 城镇常住人口/总人口。

(3) 模型（2）核心解释变量：城镇化—产业集群耦合协调度（D）。城镇化—产业集群耦合协调度（D）的模型与计算方法在前一章有详细描述。

(4) 控制变量。在前人的研究基础上，本书将以下3个控制变量纳入模型（1）和模型（2）中，分别是研发投入（RD）、市场结构（MAR）和外商直接投资（FDI）。研究普遍认为这三个控制变量都会影响技术创新效率。其中，RD 为研发投入占行业总产值的比例；市场结构采用赫芬达尔指数，其反映市场中厂商规模的离散度。赫芬达尔指数越高，市场集中程度越高。FDI 为外资企业总资产与行业总资产的比值。

6.3 实证研究及结果分析

考虑到数据的可获得性，本书以江苏省13个地市及其具有代表性产业集群为实证研究对象。产业集群与当地社会、经济结合越紧密，通过式（5.4）所测算的耦合协调度值越具有代表性。本书将产业的工业增加值、年平均劳动人数及是否呈现集群特征作为地方代表性产业选择标准。以江苏省13个地市具有代表性产业集群的固定资产净值和平均劳动人数为投入变量，工业增加值作为产出指标。江苏省13个地市2012~2016年城镇化关键变量数据来自历年《江苏省统计年鉴》和《江苏市县统计年鉴》，其产业集群关键变量数据从《江苏省分行业统计年鉴》获得，主观性数据通过问卷方式获得。根据式（6.1）对TFP值进行测算，结合及前一章对城镇化与产业集群化耦合度及耦合协调度的计量结果，如表6-1所示。

表 6-1 2012~2016 年江苏省产业全要素生产率、城镇化率和耦合协调度值

年份	2012			2013			2014			2015			2016		
指标 行业	TFP	T	D	TFP	T	D	TFP	T	D	TFP	T	D	TFP	T	D
仪器仪表制造业（南京）	1.1183	0.802	0.523	1.1189	0.805	0.558	1.1192	0.809	0.618	1.1194	0.814	0.632	1.1207	0.820	0.6143
半导体集成电路（苏州）	1.1044	0.723	0.576	1.1046	0.732	0.612	1.1186	0.74	0.679	1.1306	0.754	0.682	1.1282	0.755	0.6226
计算机及配件制造（无锡）	1.1192	0.729	0.583	1.1098	0.737	0.606	1.1005	0.745	0.632	1.1212	0.749	0.647	1.1179	0.749	0.5965
金属制品（常州）	1.0841	0.662	0.499	1.0844	0.675	0.523	1.0857	0.687	0.547	1.0892	0.7	0.566	1.0987	0.700	0.5507
化学纤维制造业（扬州）	1.1034	0.588	0.551	1.1038	0.6	0.589	1.1047	0.612	0.592	1.0976	0.628	0.596	1.0993	0.644	0.5327
家具制造业（泰州）	1.0659	0.579	0.510	1.0670	0.59	0.548	1.0679	0.602	0.588	1.0692	0.616	0.594	1.0853	0.632	0.4957
纺织服装业（南通）	1.0858	0.587	0.519	1.0862	0.599	0.592	1.0876	0.612	0.598	1.0897	0.628	0.612	1.1001	0.644	0.5169
精细化工业（镇江）	1.1185	0.642	0.521	1.1189	0.654	0.550	1.1193	0.666	0.571	1.1199	0.679	0.591	1.1101	0.692	0.4807
交通运输装备制造业（徐州）	1.1189	0.567	0.492	1.1191	0.581	0.547	1.1205	0.595	0.570	1.1218	0.612	0.587	1.1007	0.624	0.5007
食品制造业（淮安）	1.0181	0.535	0.463	1.0285	0.551	0.447	1.0390	0.565	0.487	1.0401	0.582	0.497	1.0544	0.597	0.4881
通用设备制造业（盐城）	1.0212	0.51	0.468	1.0579	0.524	0.449	1.0599	0.585	0.489	1.0674	0.601	0.495	1.0688	0.616	0.4486
新材料（连云港）	1.0101	0.544	0.479	1.0324	0.557	0.453	1.0410	0.571	0.493	1.0441	0.587	0.505	1.0559	0.602	0.4497
纺织服装业（宿迁）	1.0023	0.51	0.423	1.0076	0.524	0.438	1.0109	0.537	0.476	1.00221	0.555	0.489	1.0219	0.575	0.4421

由于江苏省主要城市的代表性产业集群差异较大，本书除了对所选取的具有代表性的地方产业集群进行全样本检验，同时按照不同要素密度对劳动密集行业、技术密集和资本密集行业进行分组检验。通过GMM模型估计结果，对计量结果分析如表6-2所示。

表6-2 城镇化率、城镇化与产业集群耦合协调度与生产效率的GMM估计结果

解释变量	模型（1）	模型（2）			
	全行业	全行业	劳动密集型	技术密集型	资本密集型
$\ln T$	0.2241 (0.1823)				
$\ln T_{t-1}$	0.3045 (0.0891)				
$\ln D$		0.2129* (0.1821)	0.0493* (0.0909)	0.0559* (0.0087)	0.2287* (0.0601)
$\ln D_{t-1}$		0.2212** (0.0901)	0.0674** (0.1232)	0.1559*** (0.0660)	0.0246** (0.0121)
$\ln RD$	0.0879* (0.0981)	0.0907* (0.1019)	0.0598* (0.0812)	0.0460* (0.0218)	0.1221* (0.219)
$\ln RD_{t-1}$	0.1271*** (0.0859)	0.1534*** (0.0901)	0.0422*** (0.1217)	0.0290*** (0.0118)	0.0927*** (0.1321)
$\ln MAR_{t-1}$	0.3112 (0.1272)	0.2056 (0.1198)	-0.0079** (0.0503)	-0.0129** (0.0290)	0.0401** (0.0182)
$\ln FDI_{t-1}$	0.0441 (0.0691)	0.0421 (0.0653)	0.0351 (0.0287)	0.0271 (0.0299)	0.0290 (0.0041)
F值	8021.1261***	8812.4329***	7621.3201***	7128.3341***	5325.1264***
AR（1）P值	0.16***	0.18***	0.123***	0.113***	0.121***
AR（2）P值	0.5227	0.5418	0.4981	0.4629	0.5028
Hansen检验	Chi2=17.7741 P=0.7628	Chi2=18.6491 P=0.7661	Chi2=16.3293 P=0.6018	Chi2=19.2790 P=0.6791	Chi2=17.3982 P=0.6901
D-i-Hansen检验	Chi2=51.0921 P=0.5517	Chi2=52.1768 P=0.5201	Chi2=3.7819 P=0.5418	Chi2=9.6691 P=0.5791	Chi2=8.0761 P=0.669

注：括号内的值为标准误差。***、**和*分别表示在1%、5%和10%的置信区间水平上变量显著。

第6章 城镇化与产业集群耦合对技术创新效率的影响研究

(1) 核心解释变量。模型(1)计量结果表明,解释变量城镇化率与被解释变量生产率的相关系数为正,但结果不显著,表明如果仅以传统的城镇化率这一单一指标衡量地区城镇化水平与生产率的关系,则江苏省区域内具代表性的行业生产率与所在地区城镇化水平未呈现明显的相关性,即城镇化会对技术创新产生影响的研究假设不成立。但在模型(2)中引入城镇化与产业集群耦合协调度(D)这一核心解释变量,样本回归结果与模型(1)呈现差异。从全行业来看,模型(2)样本回归结果表明,当前一期和滞后一期的城镇化与产业集群耦合协调度与生产率呈正相关关系,并通过了显著性检验,表明城镇化与产业集群的耦合水平影响该区域生产率,两者呈正相关关系,即城镇化与产业集群两者的耦合水平影响技术创新的研究假设成立。同时,通过行业分组检验可以看出,不同要素密集度的行业受城镇化与产业集群耦合水平的影响程度也存在差异:在劳动密集型行业,滞后一期的耦合协调度每提高1%,生产效率提高0.0674。原因在于城镇化水平的提升有助于改善劳动密集型企业的用工环境,使其生产效率获得进一步提升的空间。对于技术密集型行业,滞后一期的耦合协调度每提高1%,生产效率提高0.1559。相较于劳动密集型企业,技术密集型企业生产效率的提升幅度更大,表明城镇化与产业集群耦合水平的提升对于技术密集型企业的技术创新效率产生较大的正效应,城镇化与产业集群的良性耦合对于技术密集型企业的生产效率具有重要意义。对于资本密集型企业而言,滞后一期的耦合协调度每提高1%,生产效率提高0.0246。但是,资本密集型企业生产效率的提升幅度远低于技术密集型和劳动密集型。可能的原因是资本密集型企业,如大部分冶金行业、化工行业都处于城市远郊区,由于其高能耗和高污染的生产特质,使其在选址上必须远离城镇商业区和生活区,这导致了城镇化与产业集群耦合水平对其技术创新的影响弹性较弱。由此可见,不同要素密集行业获取创新要素的能力、技术创新水平及研发活动对外部环境的敏感性不同,导致其受城镇化与产业集群耦合水平影响的程度存在差异。当外部环境对于技术创新的影响弹性大时,产业集群与城镇化耦合水平对于行业生产率的影响显著。

(2) 控制变量。研发投入(RD)在模型(1)和模型(2)中,其回归系数皆为正，表明研发投入与行业生产率呈正相关，行业生产效率随着行业研发投入增加而提高，此结论与吴延兵（2006）的研究一致。在模型（2）中，对于劳动密集型和技术密集型行业，市场结构（MAR）的变量系数为负值，表明市场竞争越激烈越有利于行业企业生产效率的提升。市场中的企业数量越多，竞争激烈程度越高，企业应不断改进生产流程与工艺，降低生产成本，提高生产效率。在资本密集型行业，市场结构（MAR）的变量系数为正值，表明垄断性的市场结构有利于行业生产效率的提升。资本密集行业规模较大，其生产效率受规模经济影响较为显著。另外，资本密集型行业的研发活动风险程度高，企业只有在高垄断的市场格局下才愿意投入巨资开展研发活动。外商直接投资（FDI）在模型（1）和模型（2）中系数皆为正值，但其值偏小且皆未通过显著性检验，此结论与张海洋的研究结果一致，表明外资是否进入该行业和外来资本的数量并不直接影响行业生产效率，其可能的原因在于外资的进入并不一定带来先进技术，外来资本更在意获取廉价的劳动力和土地等禀赋，对于是否提升行业生产率贡献不大。

6.4 基本结论及启示

以单一的城镇化率和产业集群作为考察对象，在研究中极容易形成城镇化水平与技术创新效率无关的认识误区。本书的实证研究表明，区域内城镇化与产业集群之间的耦合水平将对技术创新效率产生影响。城镇化与产业集群作为地方经济的两大系统，相互交织、互相作用，其结果必然影响该区域的技术创新效率。城镇化与产业集群耦合协调度提升会对技术创新效率产生正面影响，且不同行业受城镇化与产业集群耦合水平的影响效应也不尽相同。城镇化与产业集群耦合水平对于劳动密集型企业和技术密集型企业影响显著，特别是对技术密集型企业的影响程度较大，而对于资本密集型企业的影响较弱。以上研究结论为区域产业发展和城镇化政策的制定、企业技术创新区位战略选择提供了重要启示：

（1）以新型城镇化实现产城融合，提升产业集群与城镇化的耦合度。区别于以往那种片面追求规模、资源高消耗、环境严重污染、产城融合不紧密的粗放型工业化和城镇化，我国正在强调走以人为本、四化（工业化、信息化、城镇化、农业现代化）同步、集约高效、绿色低碳为基本特征的新型城镇化道路。新型城镇化可以促进产业集群与城镇化的同步进行，提高两者的耦合度，引起人口、创新要素和经济活动向城市的适度集中，引致更多的技术创新活动。长三角、环渤海、珠三角三大区域的城镇化率分别位居全国第一位、第二位和第四位，产业集群也很突出，产业与城市融合比较紧密，其研发经费、专利授权量均列全国前三。从而在事实上证明，产业集群和城镇化的融合及相互促进程度越高，技术创新效率也越高。

（2）针对不同区域产业集群与城镇化发展的差异，采取差别化策略。产城融合不紧密，产业集聚与人口集聚不同步，城镇化滞后于工业化以及城镇内部出现新的二元矛盾，是我国以往工业化与城市化发展模式带来的突出问题。在不同区域，这些不同步和矛盾表现的方式又有较大差别，采取的策略也应不同。东部沿海一些地区特别是江浙地区的小企业集群发展迅猛，形成一村一品、一乡一品的集群式发展，但产业集群没有依托城市或城镇，城镇化慢于产业集群，发展的重点或突破口应是依托产业集群加快城镇化，通过提供城市化的公共设施和服务，为产业集群凝聚创新要素，提供良好的外部环境。在中西部一些城市，虽然城市的基础设施和公共服务比较完善，但缺乏有竞争力的产业，其中一个重要原因是缺乏有竞争力的产业集群，适合集群式发展的产业采用分散式发展，这些城市发展的重点应是依托城市的聚集功能，加快产业集群的发展。对于从零起步发展产业和城市化的区域，如规划中的新城市、新工业区和开发区，应在规划阶段就合理安排产业集群与城市化的同步进行，从一开始就实现两者的融合式发展。

（3）针对大中小城市和小城镇功能不同合理分工，采取差异化策略。目前，一些特大城市和大城市低端制造业和人口过度集中，已超出城市的承载能力，产生大城市病和诸多社会问题。这些城市应将劳动密集型和低端制造业向周边中小城市或区外转移，重点发展服务业特别是现代服务业和先进制造业，增强科技创新功能。中小城市应大力发展特色产业集群，加强市政基础设施和公共服务设施建设，吸引高等学校和职业院校在中小城市布局、优质教育和医疗机构在中小城市设立分支机构，增强集聚要素的吸引力。小城镇发展应遵循节约用地、体现特色的要求，推动小城镇发展与疏解大城市中心城区功能相结合、与特色产业发展相结合、与服务"三农"相结合，将产业集群与小城镇建设融为一体。

(4) 针对耦合水平的不同，采取差异化策略。根据城镇化与产业集群耦合的不同水平及造成这种差异的原因，对于低水平耦合，地方政府应采取城镇化与产业集群同时发展的策略，既注重招商引资，提升产业集群规模效应，也必须注重发展新型城镇化，提高新型城镇化和产业集群的耦合协调度；对中高水平耦合，应进一步对两个子系统对技术创新能力发展的贡献度进行对比分析，如果城镇化对技术创新的贡献度低于产业集群的贡献度，此时应适度控制产业集聚规模，缓解产业集聚带来的"拥挤效应"，政策的重点应该放在通过提升新型城镇化水平来改善产业发展环境，以进一步提升耦合度水平。

(5) 城镇化—产业集群耦合和技术创新效率呈现"S"形发展。上述的实证分析进一步验证了城镇化、产业集群对集群技术创新效率产生非线性的影响。总体来看，此种影响更多的是表现为"S"形曲线。所谓"耦合"指的是两个或多个系统之间相互作用的性质和程度，包括反馈、相互促进和限制；耦合度是描述系统或要素相互彼此作用影响的程度。区域内城镇化与产业集群之间的耦合也体现为这两个系统之间的反馈机理，产业集群正是在这种正反馈与负反馈的交替过程中动态发展。由于产业集群发展的内生动力在于集群企业技术创新能力的发展，因此城镇化与产业集群之间的耦合程度必然影响集群企业的技术创新行为和效率。

产业集聚并不能带来技术创新效率的线性提高；相反，产业过度集聚带来的"拥挤效应"会对其产生负面影响。通过提高新型城镇化水平，营造良好的产业集群发展环境，创建以人为本的宜居城镇环境，改善城镇社会文化基础结构，将有效缓解或者消除"拥挤效应"，为产业集群进一步发展开拓空间。产业集群与新型城镇化的耦合水平影响产业集群企业的技术创新能力。在不同耦合度作用下，集群企业的技术创新能力呈现"S"形发展（见图6-1），即在耦合度低水平下，产业集群的形成发展很缓慢，集群中企业技术创新能力弱。新型城镇化和产业集群经过一定程度的发展，两个系统之间的耦合度提升，集群企业技术创新能力提高，产业集群呈现快速发展。当产业集群发展到一定规模，其必然面临来自内外部环境的限制，如劳动力数量下降、市场空间小、环境承载力不足等。这些限制性因子的存在导致产业集群和新型城镇化的耦合度下降，企业技术创新停滞不前，产业集群发展萎缩甚至迁移。如果限制性因子被合理有效突破，产业集群与新型城镇化耦合度会再次获得提升，产业集群容量即可加大，集群技术创新能力再次得到提高，进一步可使产业结构实现升级，产业集群又会呈现新的"S"形增长。

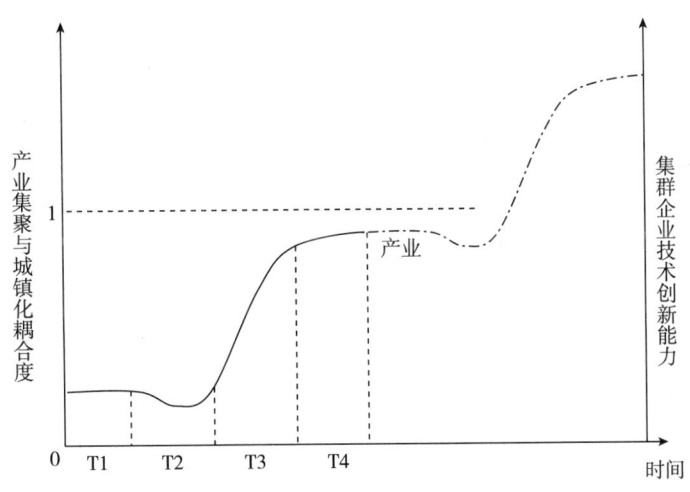

图6-1 产业集群与城镇化耦合作用

产业集聚与城镇化的不同耦合度作用下，产业集群与城镇化呈现不同的发展态势，即在耦合度低水平下，由于受"瓶颈"的限制，产业集群的形成需要开拓环境，发展很缓慢。城镇化和产业集群经过一定程度的发展，两个系统之间的耦合度提升，产业集群呈现近似直线或直线上升。在产业集群的快速发展面临来自内外部环境的限制,限制性因子的存在导致产业集群和城镇化的耦合度下降,甚至出现负耦合,产业集群发展停滞,甚至出现产业转移。一旦耦合度提升,"瓶颈"扩展,产业集群容量即可加大,产业集群即可实现结构升级,产业集群又会呈现新的"S"形增长,并出现新的限制因子和"瓶颈"。产业集群是在这种缩颈和扩颈或正反馈与负反馈的交替过程中不断发展或者萎缩,产业升级的内生动力在于集群企业技术创新能力的发展,因此产业集聚与城镇化之间的耦合作用必然影响集群企业的技术创新行为和效率。建立的模型,结合产业集群与城镇化耦合的阶段特征,将对应的耦合度值和耦合协调度值分别划分为多个评判区间,作为产业集群与城镇化协调发展的治理基础。依据产业集群与城镇化耦合度的强弱程度,如图6-1所示,其耦合的过程可划分为低水平耦合(T1期)、拮抗(T2期)、磨合(T3期)和协调(T4期)四个阶段:

6.4.1 产业氛围型(产业集聚与城镇低水平耦合)

产业氛围型是指产业集聚与城镇化处于低水平耦合和拮抗阶段,如图6-1的T1和T2阶段。低水平耦合(T1期),产业集群与城镇化勉强调和,城镇化发展滞后、勉强保持在环境承载力阈值内,产业集群发展短期内可以接受,但处于低水平发展。拮抗阶段(T2期),产业集群与城镇化不协调,产业集群将进入快速发展时期,它的发展急需大量的资金、资源和人口转移为支撑,而此时区域城镇的负载能力有限,它不能完全满足和支撑产业集群发展的需要。产业集群发展超前型、超出环境承载力范围,制约产业集群发展的限制性因子明显。

在产业氛围型阶段,技术创新要素集聚程度低,集群企业容易被低端锁定,形成路径依赖,企业技术创新能力较弱,主要以基于生产工艺和生产流程的渐进式创新为主。

6.4.2 相互嵌入型(产业集聚与城镇化良性耦合)

相互嵌入型是指产业集聚与城镇化处于磨合和协调阶段,如图6-1的T3期和T4期。磨合阶段(T3期),产业集群与城镇化调和或者勉强调和,产业集群与城镇化发展较为同步,产业集群进一步发展所需创新要素在城镇环境的承载力范围之内,产业集群得以扩容、升级。协调阶段(T4期),或称高水平耦合阶段。产业集群与城镇化高水平同步发展,产业集群和城镇化成为相互促进、相互融合良性循环系统。在相互嵌入型阶段,技术创新要素集聚程度由低向高快速发展,社会网络和社会资本形成并具备一定规模,以人为本的城镇化促进创新主体之间信任关系的建立,集群企业员工忠诚度提升,愿意为企业技术的重新塑造贡献力量,集群企业技术开始涉及激进型创新。

6.4.3 创新环境型(产业集聚与城镇化空间耦合)

创新环境型是指不仅产业集聚与本地城镇化形成协调关系,同时在产业区与周边城镇也建立良好的耦合关系。集群企业不仅可以从本地获取创新要素,还可以从周边城市获取知识、技术和其他社会资本,使集群企业技术创新活动得到有效支持。

为了进一步分析新型城镇化和产业集群的耦合影响技术创新的传导机制,影响集群企业技术能力的主要因素集中于创新的要素集聚层、要素配置层、网络层和文化环境层(见图6-2)。城镇化和产业集群良性耦合,将从创新文化环境和创新网络两个层面对集群企业技术创新的产生影响。以人为本的新型城镇化注重的是人与环境的协调发展,人与人之间的和谐发展,城镇居民教育水平和素质的提升,这些因素使创新文化基础结构得以形成和发展,促进区域内创新文化的形成和发展。城镇化的发展有利于创新人才之间信任关系的建立,使创新信任范围得以扩展,从单个企业内的信任到产业内企业间信任度的提升,再到跨产业的信任关系的形成。信任关系的建立也使产业集聚所形成的知识网络得以进一步发展,技术创新的溢出效应得以加强。同时,创新文化及知识网络的加速发展使集群企业的技术创新行为容易发生突变,从关注生产工艺流程创新、管理创新到跨行业的激进式创新的转变。城镇化与产业集群良性耦合,将从创新要素集聚和配置两个层面对集群企业的技术创新产生影响,产业集群一旦与新型城镇调和发展。首先,使创新要素从被动集聚到主导集聚转变,创新成本下降,创新要素对于企业技术创新的驱动力得以增强。其次，城镇化的发展必然提高创新要素的流动性，城镇规模增长以及空间布局演化正在优化创新要素与产业、人口和经济的空间配置。因此，新型城镇化和产业集群不同耦合水平将影响企业技术创新的边界、行为和效率，最终可能影响企业在全球价值链中的位置（见表6-3）。当新型城镇化与产业集群产生良性耦合，集群企业技术创新要素形成和汇集进程加快，集群企业间的信任关系及氛围得以建立，从而促进集群企业技术创新能力发展。

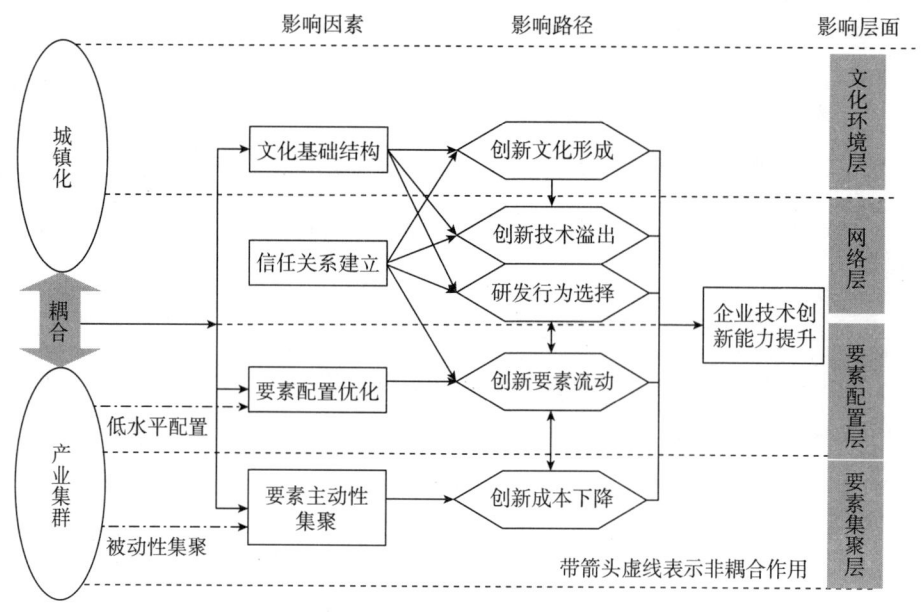

图6-2 城镇化和产业集群的耦合影响技术创新的传导机制

表6-3 影响情况

产业集群	创新信任关系	技术创新行为	技术创新边界	价值链位置
低水平耦合的产业集群	企业内部信任度高	渐进型：生产工艺、流程	企业边界内创新	GVC低端锁定
中等水平耦合的产业集群	集群内企业间信任度高	渐进型向激进型：技术和管理创新	产业边界内创新	逐步摆脱低端锁定
高水平耦合的产业集群	集群外企业间信任关系建立	跨行业创新	超边界创新	构建NVP，主导价值链

需要指出的是，在不同区域，城镇化与产业集群的耦合水平对生产率的影响系数是有差异的，区域异质性和行业异质性都可能对技术创新产生不同影响，也必然导致技术创新能力提升的路径差异。即使在同一区域，城镇化与技术创新效率也可呈非线性关系，城镇化与产业集群的耦合水平对技术创新效率的影响可能存在门槛效应，这也是今后进一步的研究方向。

第7章 城镇化与产业集群耦合影响技术创新的效应解析：基于创新承载力视角

通过前面两章城镇化与产业集群耦合度的直观描述、耦合度与技术创新效率的实证检验可以看出，城镇化和产业集群两者之间的相互作用对技术创新产生影响，且影响呈现差异性。随着城镇化的推进，产业在区域集聚、升级或者迁移，这注定了城镇化与产业集群的关系始终处于一个动态演进的过程。总的来看，城镇作为一个给定的空间范围，其所能承受的经济能级是有限度的，该空间能否容纳产业集群的发展受多重因素的影响，也影响了技术创新活动效率。然而，前文所讨论的城镇化—产业集群耦合度对于技术创新之影响更多地体现为一个结果，而这个作用过程仍是一个"黑箱"。对于这个"黑箱"破解的关键可能在于厘清城镇化与产业集群耦合发展对于区域创新承载力产生何种影响。一个城市的空间拓展和产业布局对于区域创新承载力影响巨大。从根本上看，城镇化与产业集群耦合发展优化了技术创新活动环境，提高了区域创新承载力。本章将以区域创新承载力为切入点，在对已有文献梳理的基础上，尝试构建区域创新承载力指标，用以刻画技术创新活动环境的变化。并以此为核心变量，基于江苏省13个城市的面板数据，对区域创新承载力与城镇化—产业集群耦合度的关系进行计量，以验证城镇化与产业集群耦合发展对创新活动环境的影响，以为今后城市空间优化拓展与产业协调发展提供理论借鉴与决策佐证。

第7章 城镇化与产业集群耦合影响技术创新的效应解析：基于创新承载力视角

7.1 区域承载力的研究综述

7.1.1 承载力的概念及内涵

与"耦合"概念相似，"承载力"一词也是物理学中的概念。人口学最早引进了承载力的概念，马尔萨斯将之用于适度人口的讨论，其所提出的环境限制对于人口增长有重要影响这一结论构成了承载力的理论基础。在18世纪末至20世纪初，承载力被赋予了生态学的含义，指在某一特定环境条件下，某种生物个体可存活的最大数量，是一个"容量"的概念（Park R. E., Burgess E. W., 1921）。在这之后的30年间，学者们完成了对承载力概念和理论所必需的定义、内涵、数学表达和机理等的积累。进入20世纪中叶，由于资源环境问题凸显，承载力研究进入应用探索阶段。在这一阶段，承载力研究聚焦于在资源约束条件下，人类社会生产和可持续发展的问题。然而，这一阶段承载力研究对于人类社会生态系统复杂性的认识不足，也忽略了非资源层面，如文化社会因素对于承载力的影响。因此，该阶段承载力的研究成果并不具有显著的指导意义。20世纪80年代中后期，承载力研究从自然资源约束这一单一要素向多要素（文化、社会、科技进步等）的综合研究转移，学者们开始重视社会文化制度、价值观念、经济发展和环境效益等一系列因素对于承载力的影响，承载力研究跨出生态学领域，成为社会学、经济学和生态学等多学科交叉的重要课题。

随着对社会发展认识的不断深入，承载力概念和理论也在不断演化及发展。承载力从最初的物理学意义上的"容量"概念发展为，在某一特定条件下，事物所处环境系统对其发展的最大支持能力。其含义由起初的自然资源单一要素，逐步发展为将社会、经济、资源、环境作为统一体的综合性区域承载力。

7.1.2 区域知识承载力的研究综述

知识承载力是承载力研究进入深化阶段后产生的一个重要分支，其研究开始于20世纪90年代中期。知识承载力的研究一开始就以城镇为主要空间载体，Kanter（1995）认为，知识承载力意味着城市能够为企业提供即时且高标准的知识、理念、行业动态。面对激烈的竞争，城市应该领悟知识对其发展的重要意义，城市发展应该由以产品生产为基础的经济过渡到以知识创造为起点的服务产业，这也是提出知识承载力概念的初衷。

国外学者较早开始致力于知识承载力的相关研究。从20世纪90年代初，学者们对于知识承载力的形成条件、构成机理及其发展展开了若干研究，研究成果十分丰富。Dosi（1998）、Geenhuizen（1994）和Traxle（1994）注重在企业层面研究知识承载力的来源，认为企业若要形成一定规模的知识承载力，就必须在五个维度上具备吸收能力，即广纳人才、文字学习、语言传承、设备更新、观察模仿。知识承载力形成的关键，并不是单纯地获得和积累知识，而是要将知识转化为新产品，建立新的产业关系，从而变革整个市场。Knight（1995）、Damman（1997）和Kanter（1997）从城市层面关注与知识承载力的形成条件：高校和科研机构是城市形成知识承载力的重要条件，如果科研机构能够辐射到相应企业，那么城市知识承载力就有提升潜质。Kanter（2003）对知识承载力的理论架构和研究方法进行了定性分析，认为城市的知识承载力，包括知识的创造、集聚、储备、传播、演化和应用，并且能够将各个参与者有机地结合起来。在20世纪90年代中后期，对知识承载力的研究开始关注其构成机理的复杂性，学者们将复杂性学科引入承载力研究，试图厘清知识承载力的构成机理。Gibbons等（1994）发现在复杂环境下，知识主要集中产生于应用行业，而且越来越多的来自全球的个体临时因某个项目而组合在一起，导致知识承载力不再有那么明显的地域性质，由此产生的复杂网络能够最大限度地发挥知识承载力，但某些特定形式的网络会在一定程度上阻碍知识的进一步发展。Geenhuizen和Nijkamp（1997）认为知识承载力是一个复杂性网络，其组成包括生产服务企业、中介、经纪人和政府等。知识承载力的节点之间相互联系、相互作用，且每个节点在知识承载力体系中具备多重作用。政府起到将节点联结的作用，知识承载力的复杂性还在于随着环境的变化而变化。

在国外学者研究的基础之上，国内学者对于知识承载力也进行了诸多有益的探索。武春友等（2013）阐释了区域知识承载力含义，认为区域知识承载力是区域知识资源提供给区域产业集成创新的支撑能力，是衡量区域可持续创新发展的标志。而对于区域知识要素与区域经济发展之间的关系，学者们形成了较为一致的看法，即区域知识对于经济发展具有促进作用，知识资本的积累是技术创新能力提升的关键，知识资本的积累通过促进区域经济发展、影响企业技术创新主体及其创新动力，从而促进技术创新能力的提升（刘思嘉等，2009；王萍，2009）。但是，由于区域经济发展的条件和进展有所不同，各省市的区域知识承载力对产业集成创新的影响差异较大。在动态环境中，静态知识存量反而不利于产业集成创新和区域知识承载力的发展（唐艳丽等，2014）。赵静杰和马静（2010）、相丽玲和张延飞等（2011）分别建立了区域知识承载力的测量方法，并结合竞争力的评价体系，建立了区域竞争力的关键要素、指标和模型。

从现有的研究成果看，国内外学者对于知识承载力的研究停留在经验性的描述，虽然有部分学者开展了关于知识承载力的定性研究，但结论并不一致或趋同。因此，知识承载力的研究有极大的发展空间，简单沿袭自然资源承载力的研究思路可能无法适应对于知识承载力的研究需求，将社会、文化、经济等多层面的因素结合到空间要素承载力研究中，才可能进一步厘清知识承载力的影响机制和路径，也是区域创新活动能力提升、产业转型升级和实现区域可持续性发展亟待解决的重要命题。

7.2 区域创新承载力的内涵界定

区域创新承载力的概念来自学者对于区域承载力及知识承载力研究的进一步

拓展和演化。既有的研究已经证明，广义区域承载力包括两大部分，一部分指自然资源，包括土地、水和空气等硬资源；另一部分指知识资源，包括人才、技术和文化等软资源。对于创新活动而言，区域是否拥有丰富的创新要素（人才、技术、资本、知识、信息）及多样化创新相关主体（企业、大学、研究机构、金融机构、各种商业服务机构），是创新活动能否有效开展及创新能力持续提升的关键。因此，本书借鉴广义承载力的概念来界定区域创新承载力。区域创新承载力指的是一定时期内，某一区域在合理开发知识资源的条件下，区域环境所能承载的区域产业创新活动的能力，主要体现为区域创新资源提供给该区域产业发展的支撑能力，可以作为衡量区域创新能力的标志。关于区域创新承载力的概念，需要进一步说明的是，知识资源和创新知识资源并非完全一致。知识资源是相对于自然资源的概念提法。相较于土地、水等形态的自然资源，知识资源包括人才、技术和文化等知识集聚、传播和创造过程中所需的相关要素集合，其概念已经被学术界广泛接受。本书研究所涉及的创新知识资源涵盖的范围和类型与知识资源既有联系又有区别，创新知识资源是开展技术创新活动所需要的人力、物力、财力、知识等全部资源的总和。创新知识资源由三种基本要素组成：核心知识、创新主体和创新工具。核心知识是蕴藏在技术创新活动中的知识，具有隐形、不可编码和不易传播等特点，是创新活动能否开展和取得成功的关键。创新主体是创新活动的发起、管理和组织的主体。创新主体对于创新活动的有效开展具有关键作用。创新工具是存储和利用创新资源的工具和媒介，如创新方法、创新网络和创新平台等。

7.3　理论假设

根据前文中的理论模型推演，城镇化与产业集聚是技术创新持续发展的基本前提，两者缺一不可。更为重要的是，城镇化与产业集群之间不是孤立发展的，而是相互作用，耦合发展的。本书以创新承载力为视角，试图从知识外溢、创新主体和创新环境三个层面，进一步解析城镇化与产业集群耦合对于技术创新的影响效应，关注非经济因素（社会、文化、政策等）在产业、空间交互影响过程中对提升区域创新承载力的重要作用，并在相关文献的梳理分析中提出有待实证检验的理论假说。

7.3.1 基于知识外溢视角

从创新承载力的内涵来看，核心知识是创新资源的要素。显然，区域知识资源的存量和累进是提升区域创新承载力的关键。以 Marshall（1890）为代表的新古典经济学认为，知识（技术）外溢是产业集聚外部性的主要体现之一。在这之后，国内外的诸多研究也从实证的角度印证了该外部性的存在。从知识外溢的视角看，产业的区域集聚及企业在空间上的协同定位，能加速知识的流动和扩散，从而促进创新活动在不同企业、不同行业中的融合开展。集聚区内企业间的高频率知识交流与信息传播（隐性知识和显性知识）能够产生较强的知识和技术的外溢效应，这些企业通过正式或非正式网络进行高频率的知识交流和学习（陈建军，2009），这种互补性产业间的知识流动与共享会带来明显的集聚学习效应，使集聚区内所有参与主体间的"集体学习过程"形成循环累积因果关系，并进一步放大知识外溢效应（陈建军和陈国亮，2009）。彭向和蒋传海（2011）的研究发现，Jacobs 外部性（产业间知识溢出）中的产业互补对创新的推动作用最大，产业多样性与 MAR 外部性作用相对较小。

知识外溢有多种途径。就产业集群而言，由于不同企业间内生的技术关联，知识外溢通常表现为基于研发合作的知识共享机制，这是产业协同集聚和创新的重要基础。上下游企业在区域集聚，使知识在产业上下游间传播和扩散更为频繁。由于社会分工日益深化，通过制造环节和研发环节之间的有效交流和沟通来实现价值创造（Charlot & Duranton，2004）已是大势所趋。很多实证研究也进一步指出，知识外溢通常与投入产出关系密切相关，特别容易在上下游产业部分之间发生（Foni & Paba，2002）。结合前人的研究可以看出，产业集聚通过知识外溢影响区域知识存量和累进。故本书提出如下研究假设：

研究假设1：产业集聚所引致的知识外溢有助于区域创新承载力的提高。

7.3.2 基于创新主体视角

创新作为一种复杂的实践活动，必然离不开创新主体的参与。关于谁是创新主体这一问题，基本上概括为两种观点：一元论和多元论。一元论主张技术创新主体是企业或者企业家。以熊彼特和德鲁克为代表的学者将技术创新定义为"建立一种新的生产函数"，或者说将生产要素和生产条件的"新组合"引入生产体系，而企业家的职能就是实现"创新"、引进"新组合"，据此提出"企业家"是创新的主要组织者和推动者。以阿伯纳西和厄特拜克为代表的国外学者提出技术创新主体是企业的，两人基于创新类型将技术创新主体区分为不同规模的企业，认为小规模企业是产品创新的主体，较大规模的企业是进行渐进型创新的主体；多元论则主张技术创新不是单一主体行为，技术创新活动的主体是在特定的社会经济文化背景下由多种要素组成的系统，包括相互关联的企业、大学和研究机构、政府、市场和金融机构，并把这种由多种要素组成的创新系统称为多元组合技术创新主体。无论是一元论还是多元论，实际上都无法否认人才是创新活动主体重要组成这一基本事实。因此，创新主体作为区域创新承载力的基本要素，其实质在于区域创新人才资源的集聚。

人才不仅是隐性知识的生产者和传播者，更是产业创新和区域经济发展的中坚力量。合理的知识结构、学习能力和创新意识都是人才的基本特征。对于企业而言，人才是以其创新性活动为企业提供创新知识、实现价值创造的个体。人才对产业创新发展具有更重要的促进作用，而这种促进作用的发挥需要一定的资源积累。汪永星等（2012）认为，研发人力资本存量对知识产出有显著性的作用。赵树宽等（2012）认为，增加研发人员的数量和提高其研发能力比片面增加研发经费更能提高知识生产效率。王锐淇（2012）的研究显示，科研人员的保有量对于技术创新能力有显著的影响。这些研究都说明，区域内的人才资源在很大程度上影响区域知识创新效率，进而影响区域创新承载力。产业在区域集中将导致劳动力和产业人才的集聚这一结论已经成为普遍共识。引发我们思考的是，在产业集聚效应（或拥挤效应）的作用下，城镇作为空间载体是否能够有效支持创新主体的相关活动。故本书提出研究假设2：

研究假设2：城镇化与产业集群耦合引致创新主体集聚，有助于区域创新承载力的提高。

7.3.3 基于创新环境视角

以 Marshall（1890）为代表的古典经济学派认为，在增长理论的经济维度之外，还有其他因素影响着区域创新的成功。此后，创新通常被看作是一种空间嵌入过程。区域创新模型的研究开始引起学者的高度重视（Moulaert F., 2003）。在既有的区域创新模型研究中，社会维度都必不可少。社会维度反映的是区域中行为主体的关系，学界把它作为区域创新活动持续成功的关键因素，多数学者把这些行为主体的关系定义为创新环境。1989年，Gremi 定义了一个新的空间发展理论模型，即"创新的环境"，并逐渐形成了创新环境学派。Remigio 等（1985）指出，区域创新环境对区域内企业集聚的发生具有强大的推动作用，并认为欧洲和北美的一些新产业区之所以保持源源不断的创新力，关键原因在于这些区域内形成了创新的制度文化氛围，即创新环境。

Gremi 对区域创新研究的重要贡献之一是提出了创新环境的概念。他认为创新环境不仅和科技本身有关，而且和社会文化理念有关；信息和知识交流传播不仅通过物质手段（通信和计算机网络），重要的是通过人与人接触等非正式的和"不可见"的联结；创新环境不仅和市场空间、生产空间有关，而且和支持空间有关。自从 Gremi 模型出现后，创新环境的相关研究受到学术界的广泛关注。但截至目前，学者们对于创新环境的概念并未形成一致意见。但无论是创新环境的网络论、系统论，还是协同论，都从不同研究视角进一步支持城镇化、产业集聚与技术创新之间的相互联系和作用。

7.3.3.1 社会文化环境

创新环境学说的一个主要观点认为，环境是企业、大学和研究机构、政府、市场和金融机构等行为主体在区域中的网络联系，这种网络联系便于创新主体相互沟通、相互协调，从而产生创新。Storper M. （1997）认为，所谓"创新环境"是指促使创新的区域性制度、规则和惯例的系统，强调创新环境是生产者（企业）、研究者、政治家之间为促进创新而形成的复杂网络关系。Conway S. 和 Steward S. （1998）认为，技术创新源于一组思想、信息、技术、编码知识和诀窍。这就意味着，创新一般产生于众多参与者和网络关系的复杂组合，这种复杂组合就是创新环境。王缉慈（1999）认为，创新环境是发展高新技术产业所必需的社会文化环境，它是地方行为主体（大学、科研院所、企业、地方政府等机构及其个人）之间在长期正式或非正式的合作与交流的基础上所形成的相对稳定的系统。由此可见，创新环境是强调社会和经济的相互影响关系以及行为主体在界定区域内所形成的网络。强调"以人为本"的城镇化，其核心在于对区域社会、文化及市民基础的发展和改善。产业与城市功能协同发展、良性互促的状态，是城镇化与高科技产业化结合的理想形态。城市功能的有机协调，基本单元的相互联系，生产要素的有序流动是产城融合的发展结果，也有利于城市创新环境的持续改善。

综上所述，从创新环境的视角来看，城镇化与产业在区域中的推进与发展，有利于形成创新活动所需的社会文化、价值准则及行为规范值得深入研究，也是形成区域创新承载力的前提条件。

7.3.3.2 *创新要素配置与流动*

产业在城镇空间中的集聚优化了创新要素配置，加快了创新要素的流动。其原因在于，创新行为主体在空间上邻近。

首先，空间邻近对创新活动的开展十分必要，因为某一个区域内人力资本的流动要比区域间的流动更为频繁一些。而且，在空间上邻近的区域内，行为主体更容易形成相同的社会文化、心理偏好和政治偏见，进而形成知识的转移和学习过程。王缉慈（1999）认为，处在空间上邻近区域内的主体间更容易产生协同效应，他们相互作用，逐渐形成一种有利于整个区域持续创新的"氛围"。从美国硅谷的实践来看，这种"氛围"成为吸引创新人才不断涌入的关键所在。比如，在硅谷这个特定的区域内，不同的技术、生产结构中的技能循环吸引着众多世界各国优秀人才的聚集。正是这种人力资源的自我组织过程并通过正式和非正式的合作，使硅谷在全球创新网络中能够扮演"孵化器"的角色。

其次，城市是创新要素重新配置和优化的空间。城市能够通过区域间的经济交换系统，把技术转换到合同的分包商和供应商中。这种经济活动的集聚和扩散有利于创新要素的重新配置，特别是信息、知识和技能间的联络，并强化了区域创新承载力。

某一特定区域创新环境的质量决定着区域创新承载力。而城镇化作为创新主体生产及活动的主要空间，必然成为创新环境的重要组成，其原因在于城镇化促进"生产活动和社区更广泛活动的融合"，将会确保竞争与合作之间的平衡，导致持续的创新和新技术的应用（Piore & Sabel，1984）。城镇化发展所引致的市民社会，以及形成社会、文化基础结构都是城市创新能力发展的重要基础。创新地理学当前的研究也发现，产业发展与城镇（社区）之间的关系将影响企业技术创新。因此，本书提出如下研究假设3：

研究假设3：城镇化与产业集群耦合优化创新环境，有助于提高区域创新承载力。

7.4 计量检验

7.4.1 变量描述

7.4.1.1 被解释变量

区域创新承载力指数 I_{it}，表示第 i 个城市第 t 期的创新承载力。基于前文所界定区域创新承载力的概念及内涵，区域创新承载力指标设计应该体现区域创新要素（人才、技术、资本、知识、信息）及多样化创新相关主体（企业、大学、研究机构、金融机构、各种商业服务机构），对于创新活动支持的有效性及差异性。因此,指标设计主要从以下几个方面进行考量:①指标能够反映区域创新承载力的基本内涵;②指标要系统、全面、科学;③指标具有时序性,能够反映区域创新承载力的动态发展过程。遵循以上原则,本书在借鉴尹肖妮(2016)的知识承载力指标体系的基础上,利用知网的频度统计筛选出创新资源使用频率较高的指标(基于近十年的相关文献),以此为初步指标进一步采用专家咨询法,进行专家反馈。在充分考虑数据可获得性的前提下,构建能够反映区域创新承载力的综合评价指标体系,如表7-1所示。

表7-1 区域创新承载力的综合评价指标体系

	一级指标	二级指标
区域创新承载力	创新支撑能力	高校科研人员数量
		高校科研课题数量
		高校科研课题经费
		科研机构人员数量
		科研机构经费
		科研机构课题数量
		科技型企业数量
		科技型企业注册资金总额
		科技型企业研发经费
	创新产出能力	科技创新奖获得数量
		高校发表科技论文数量
		高校专利申请数量
		高校专利授权数量
		科研机构发表科技论文数量
		科研机构专利申请数量
		科研机构授权专利数量
		企业专利申请数量
		企业授权专利数量
	知识吸收与扩散能力	科技创新奖合作开展数量
		吸纳技术合同数量
		输出技术合同数量
		国外引进技术合同数量

评价指标体系分为两个层次：第一层为领域层，即区域创新承载力从创新支撑能力、创新产出能力和知识吸收扩散能力三个维度评价。第二层为指标层，其中衡量创新支撑能力的指标有9个，衡量创新产出能力的指标有9个，衡量知识吸收扩散能力的指标有4个。基于上述指标模型，可以建立区域创新承载力函数：

$$IN(s) = \sum_{i=1}^{n} a_i s_i \qquad (7.1)$$

式中，s_i 为创新承载力综合评价指标中，第 i 个指标标准化值。a_i 为第 i 个指标权值。对于权值的确定是指标体系能否准确衡量区域创新承载力的关键。目前国内外关于评价指标权系数的确定方法有数十种之多，根据计算权系数时原始数据来源以及计算过程的不同，这些方法大致可分为两大类：一类为主观赋权法，另一类为客观赋权法。以专家调查法（Delphi 法）、层次分析法（AHP）为代表的主观赋权评估法，其基本原理是依靠专家根据经验进行主观判断而得到权数，然后再对指标进行综合评估。该类方法的主要缺点是主观随意性大，选取的专家不同，得出的权系数也不同。与主观赋权法相比，客观赋权法由于采用原始数据研究指标之间的关系或指标与评估结果的关系来进行综合评估，因而其受主观因素影响较小。其代表性方法有主成分分析法、最大熵技术法。常用客观赋权法的原始数据来源于评价矩阵的实际数据，使系数具有绝对的客观性，以评价指标对所有的评价方案差异大小来决定其权系数的大小，但由于计算方法大多比较烦琐，得出的结果会与各属性的实际重要程度相悖，难以给出明确的解释。鉴于主观赋权法与客观赋权法都存在较为明显的缺陷，本书采用两种方法相结合的组合赋权法，其步骤如下：

首先，通过主观赋权法对权重进行初步测算：

(1) 通过专家主观排序来体现出指标的重要性。

(2) 对相邻指标的重要性程度 s_i 与 s_{i-1} 的重要性程度 R_i 进行主观赋值。

(3) 根据式（7.2），计算第 k 个指标的权重。

$$\omega_k = \frac{1}{1 + \sum_{i=2}^{k} \prod R} \tag{7.2}$$

（4）由权重 ω_k 可得第 $k-1, \cdots, 3, 2$ 个指标的权重，如式（7.3）所示：

$$\omega_{i-1} = R_i \times \omega_i \tag{7.3}$$

其次，熵值法确定权重：熵值法是通过计算同一指标的数值差反映指标的重要程度，数值差越大，指标就越重要。

（1）根据式（7.4），计算指标比重 r_{ij}，其中，x_{ij} 为第 i 个对象第 j 个指标的原始值，$i = 1, 2, \cdots, n$，$j = 1, 2, \cdots, m$。

$$r_{ij} = x_{ij} / \sum_{i=1}^{n} x_{ij} \tag{7.4}$$

（2）根据式（7.5），计算第 j 个指标的信息熵 e_j，其中，$k = 1/\ln n$，n 为指标数。

$$e_j = -k \sum_{i=1}^{n} r_{ij} \ln r_{ij} \tag{7.5}$$

（3）根据式（7.6），可得第 j 个指标的权重 ω_k。

$$\omega_k = (1 - e_j) / \sum_{j=1}^{m} (1 - e_j) \tag{7.6}$$

最后，进行组合赋权。组合赋权的目的在于使各赋权结果差异最小化，为了计算简便，本书利用算术平均法进行组合赋权，假定 k 指标的主观赋权值为 ω_k，熵值法赋权值为 ω_k'，根据式（7.7）确定组合赋权值 a_i（$\theta_1 = \theta_2 = 0.5$）。

$$a_i = \theta_1 \omega_k + \theta_2 \omega_k' \tag{7.7}$$

7.4.1.2 解释变量

（1）城镇化率（T）。本书城镇化率按照当前国家统计局的计算方式，即城镇化率（T）= 城镇常住人口/总人口。预计计量结果系数为正值。

（2）产业集中度（LQ）。学术界对产业集聚测度的研究众多，具有代表性的指标方法包括空间基尼系数、区位熵和赫芬达尔指数等。为了直接表现城镇化与产业集群的协同关系，本书选取区位熵对产业集聚度进行判定。区位熵在衡量某一区域要素的空间分布情况，反映某一产业部门的专业化程度，以及某一区域在高层次区域的地位和作用等方面，是一个很有意义的指标。在产业结构研究中，区位熵是产业集中度测量的常用指标，其计算式（7.8）如下：

$$LQ_{ij}(t) = \frac{q_{ij}(t)/q_j(t)}{q_i(t)/q(t)} \tag{7.8}$$

式中，$q_{ij}(t)$表示t时期内j地区的行业i就业人口数量，$q_j(t)$表示t时期内j地区的就业人口总数，$q_i(t)$表示t时期内行业i就业人口数量，$q(t)$表示t时期内全国就业人口总数。如$LQ_{ij}(t)>1$，则表示t时期内行业i在j地区相对集中；如$LQ_{ij}(t)<1$，则表示t时期内行业i在j地区相对不集中。预计计量结果系数为正值。

（3）城镇化—产业集群的耦合协调度（D）。其含义及计量方式已经在第5章中详细介绍，这里不再重复。预计计量结果系数为正值。

由于影响区域创新承载力的因素较多，在结合前人的研究基础上，本书设计如下控制变量：

（1）政府干预（G）。一个普遍的观点是，政府的干预（如地方性保护）对于区域创新活力或带来负面的影响。事实上，保护性的产业政策（如补贴）一定程度上会削弱企业技术创新的动力，降低区域创新承载力。出于数据的可获得性，本书以产业集群的国有化程度（国有企业产值与产业总产值之比）作为控制变量，衡量地方政府对于产业可能的干预程度。

（2）市场结构（MAR）。市场结构（MAR）采用赫芬达尔指数，其反映市场中厂商规模的离散度。赫芬达尔指数越高，市场集中程度越高。

（3）外商直接投资（FDI）。外商直接投资（FDI）为外资企业总资产与行业总资产的比值，反映区域经济的开放程度。

7.4.2 计量方法与模型设定

在回归模型的设定中，自变量的内生性是难以回避的一个问题。如果采用最小二乘法（OLS），回归模型系数可能会出现偏差。理论上，工具变量法可以消除变量内生性，但在现实中寻找外生工具变量的难度较大，因而在实践中用极大似然法（ML）、广义最小二乘法（GLS）和广义矩阵估计法（GMM）等方法进行估计。鉴于样本的有限性，本书采用广义矩阵估计法（GMM）进行模型估计（GMM的一个主要特点是适用于样本有限的计量模型），并在计量模型中将解释变量和控制变量的一阶滞后项作为方程的工具变量以消除内生性影响。为了验证前文提出的3个理论研究假设，本书以区域创新承载力指数为被解释变量，根据理论假设定义3个核心解释变量进行实证检验求证。并在此基础上加入政府干预、市场结构和外商直接投资作为控制变量。对了实证对比的需要，本书设计两个计量模型：模型（1）以城镇化、城镇化率与产业集中度交叉项为解释变量；模型（2）以城镇化率、产业集中度、城镇化与产业集群耦合协同度为核心解释变量。对所有变量皆取其对数以确保各变量更加平稳，具体设计如下：

模型（1）：$\ln IN = \lambda_0 + \lambda_1 \ln T + \lambda_2 \ln T \cdot \ln LQ + \lambda_3 \ln G + \lambda_4 \ln RD + \lambda_5 \ln MAR + \lambda_6 FDI + \varepsilon$

模型（2）：$\ln IN = \lambda_0 + \lambda_1 \ln T + \lambda_2 \ln LQ + \lambda_3 \ln D + \lambda_4 \ln G + \lambda_5 \ln RD + \lambda_6 \ln MAR + \lambda_7 FDI + \varepsilon$

7.4.3 实证及结果分析

考虑到数据的可获得性，本书以江苏省13个地市及其具有代表性产业集群为实证研究对象（以江苏省地市为研究对象的原因在第5章中已经说明）。城镇化及产业集群的数据来源与第5章一致。区域创新承载力指标体系的相关数据为《中国统计年鉴》《中国科技统计年鉴》和《中国火炬统计年鉴》及相关网站，并采用"最小—最大标准化"方法对数据进行标准化处理。基于前文的创新承载力函数、城镇化与产业集群耦合模型的计量，可得江苏省13个地市2011~2015年区域承载力值、城镇化率、城镇化与产业集群耦合协调度（见表7-2）。基于消除内生性的考量，本书以最小二乘法（OLS，滞后一期自变量可以一定程度地消除内生性问题）和广义矩阵估计法（GMM）分别对模型（1）、模型（2）进行计量估计，同时采用OLS与GMM进行计量的另一原因是，OLS逐步回归法以江苏省13个地市样本考察主要变量回归结果检验模型的稳定性，OLS与GMM计量结果比对分析可加强实证检验的科学性和准确性，现就计量结果（见表7-3）分析如下：

第7章 城镇化与产业集群耦合影响技术创新的效应解析：基于创新承载力视角

表7-2 江苏省区域创新承载力指数、城镇化率和耦合协调度值（2012~2016年）

年份 城市	2012			2013			2014			2015			2016		
指标	LN	T	D	LN	T	D	LN	T	D	LN	T	D	LN	T	D
南京	0.589	0.802	0.5273	0.594	0.805	0.5311	0.607	0.809	0.5680	0.617	0.814	0.6000	0.623	0.820	0.6143
苏州	0.611	0.723	0.5453	0.631	0.732	0.5570	0.639	0.74	0.5946	0.648	0.754	0.6081	0.641	0.755	0.6226
无锡	0.521	0.729	0.5324	0.529	0.737	0.5415	0.533	0.745	0.5532	0.541	0.749	0.5897	0.549	0.749	0.5965
常州	0.501	0.662	0.5137	0.508	0.675	0.5185	0.511	0.687	0.5185	0.521	0.7	0.5433	0.529	0.700	0.5507
扬州	0.476	0.588	0.5057	0.480	0.6	0.5106	0.494	0.612	0.5103	0.499	0.628	0.5274	0.505	0.644	0.5327
泰州	0.431	0.579	0.4856	0.433	0.59	0.4960	0.451	0.602	0.4900	0.464	0.616	0.4889	0.471	0.632	0.4957
南通	0.489	0.587	0.4976	0.493	0.599	0.5025	0.499	0.612	0.5012	0.502	0.628	0.5166	0.513	0.644	0.5169
镇江	0.441	0.642	0.4754	0.449	0.654	0.4802	0.456	0.666	0.4683	0.450	0.679	0.4727	0.459	0.692	0.4807
徐州	0.478	0.567	0.4880	0.480	0.581	0.4958	0.487	0.595	0.4883	0.481	0.612	0.4958	0.494	0.624	0.5007
淮安	0.401	0.535	0.4701	0.411	0.551	0.4840	0.415	0.565	0.4736	0.425	0.582	0.4840	0.436	0.597	0.4881
盐城	0.399	0.51	0.4264	0.407	0.524	0.4424	0.412	0.585	0.4335	0.421	0.601	0.4377	0.430	0.616	0.4486
连云港	0.380	0.544	0.4431	0.391	0.557	0.4479	0.402	0.571	0.4424	0.410	0.587	0.4418	0.418	0.602	0.4497
宿迁	0.387	0.51	0.4328	0.389	0.524	0.4333	0.399	0.537	0.4279	0.407	0.555	0.4333	0.415	0.575	0.4421

表7-3 区域创新承载力与城镇化—产业集群耦合协调度的计量结果

解释变量	模型（1）		模型（2）	
	OLS	GMM	OLS	GMM
$\ln T$	0.072 (0.231)	0.081 (0.189)	0.083 (0.376)	0.089* (0.213)
$\ln T_{t-1}$	0.073* (0.243)	0.077 (0.321)	0.096 (0.310)	0.071* (0.331)
$\ln LQ$			0.068** (0.316)	0.071** (0.267)
$\ln LQ_{t-1}$			0.072** (0.256)	0.088** (0.256)
$\ln T \cdot \ln LQ$	0.066 (0.247)	0.065 (0.218)		
$\ln T_{t-1} \cdot \ln LQ_{t-1}$	0.067 (0.189)	0.061 (0.199)		
$\ln D$			0.947* (0.109)	0.0983*** (0.212)
$\ln D_{t-1}$			0.950* (0.121)	0.971*** (0.241)
$\ln G$	-0.132* (0.097)	-0.148* (0.109)	-0.128* (0.109)	-0.131* (0.121)
$\ln G_{t-1}$	-0.124* (0.127)	-0.159* (0.209)	-0.132* (0.121)	-0.162* (0.212)
$\ln MAR$	-0.312 (0.147)	-0.309 (0.132)	-0.229 (0.198)	-0.287 (0.165)
$\ln MAR_{t-1}$	-0.346 (0.156)	-0.228 (0.198)	-0.291 (0.198)	-0.298 (0.268)
$\ln FDI$	0.102 (0.127)	0.156 (0.198)	0.111 (0.143)	0.176 (0.258)
$\ln FDI_{t-1}$	0.113 (0.197)	0.167 (0.220)	0.116 (0.212)	0.189 (0.245)
R^2	0.2471		0.3326	
DW	1.8211		1.9811	
F值	16.4261***	7632.4329***	18.4521***	6899.4312***

续表

解释变量	模型（1）		模型（2）	
	OLS	GMM	OLS	GMM
AR（1）P值		0.016***		0.020***
AR（2）P值		0.5235		0.5611
Hansen检验		Chi2 = 16.082 P = 0.7113		Chi2 = 29.873 P = 0.7221

注：***、**和*分别表示在1%、5%和10%的置信区间水平上变量显著。t为当前期，$t-1$为滞后一期。

（1）总体判断。从实证结果来看，3个核心解释变量的计量结果与预期一致。从解释变量的系数变化来看，各个估计系数基本上在较小的区间内波动（见表7-3），说明计量模型对自变量系数的估计结果是稳健的，这表明本书从3个层面提出的关于城镇化与产业集群耦合提升区域创新承载力的假说初步得到经验研究的支持。采用OLS法对模型（1）、模型（2）分别计量，以城镇化—产业集群耦合度为核心解释变量的模型（2），其R^2值大于以模型（1）的R^2值。GMM法的计量结果也呈现一致的情况，说明计量模型在考虑耦合的情况下，可以更好地解释产城协同对于区域创新承载力的作用。

（2）城镇化率。从计量结果来看，城镇化对于区域创新承载力具有正向促进作用。粗略地看，城镇化率（lnT）每提高一个单位，区域创新承载力可以提高0.072~0.089个单位（取自然对数的情况下，下同）。这个结果进一步验证了：城镇化给技术进步带来正面、积极的影响，有力地支持了"城镇化是技术创新不可忽视的因素之一"（Chinitz, 1961; Pred, 1966; Jacobs, 1969; Lucas, 1988; Feldman et al., 1999; Carlino et al., 2007; 程开明、李金昌, 2008）这一结论。从模型（1）和模型（2）的对比可以看出，在考虑城镇化与产业集群耦合的情况下，城镇化对区域创新承载力的作用有所放大，且通过了显著性检验。由于江苏省总体城镇化率处于较高水平，在城镇化与产业集群耦合效应的作用下，城镇化对于区域创新承载力的促进作用显著且较为稳定。

（3）产业集中度。理论上，产业集聚程度越高，其所引致的正外部性（对技术进步而言）越大。从模型（2）看，产业集中度（lnLQ）每提高一个单位，区域创新承载力可以提高0.068~0.071个单位，且在5%的水平上显著。实证结果从区域创新承载力的视角，与前人研究形成的一致观点，即产业集聚有利于集群企业技术创新效率提高。产业集聚所可能形成的创新网络、知识转移和集群学习都能够提升区域创新承载力，进而影响集群企业技术创新活动的产出，这与研究假设1的预期一致。

（4）城镇化与产业集中度交叉项。本书在模型（1）中引入城镇化与产业集中度交叉项为解释变量，以考察城镇化与产业集群两者相互作用对于区域创新承载力的影响。但是，无论是OLS法还是GMM法，模型（1）计量结果都不显著，这意味着以近5年江苏省城镇化及产业发展相关数据为样本的模型（1），无法为研究假设2、假设3提供佐证。

（5）城镇化—产业集群耦合协调度。建立城镇化—产业集群耦合模型，其目的在于科学评判城镇化与产业集群两者的适配水平，并揭示两者相互作用对于区域技术进步的影响。从模型（2）的计量结果看，城镇化—产业集群耦合协调度（lnD）每提高一个单位，区域承载力（lnIN）可提高0.947（OLS）~0.983（GMM）个单位，且分别在10%和1%的置信区间水平上变量显著。实证结果支持了假设2和假设3。进一步分析可以看出，对于区域创新承载力，城镇化—产业集群耦合协调度的影响系数大于城镇化的影响系数，也大于产业集中度的影响系数。该结果表明，城镇化与产业集群的良性耦合在一定程度上放大了城镇化、产业集群对于区域创新承载力的作用，有利于技术创新发展。

（6）控制变量。从计量结果看，政府干预与区域创新承载力呈现负相关关系，且通过了显著性检验，这与之前的预期一致。在产业发展初期，国有机制有利于产业发展要素的快速集聚，提高产业集聚度，从而促进产业快速发展。但从长期看，其弊端也较为明显，如官僚文化、路径依赖、决策效率低下和人员裙带关系等，都不利于创新活动的发展。且国有化程度的提高会形成并固化产业间的战略隔绝机制，不利于知识在产业间的溢出和扩散；市场结构（MAR）变量系数为负值,虽然表明市场经济竞争越激烈,区域创新承载力越强。但这一结果并未通过显著性检验。可能的解释是:样本中的产业集群包括劳动密集型、技术密集型和资金密集型。对于劳动密集型行业而言,只有在市场竞争激烈的情况下,企业才有开展研发创新的动力。对于资本密集型行业而言,由于其研发活动风险程度高,企业只有在高垄断的市场格局下才愿意投入巨资开展研发活动;外商直接投资(FDI)在模型(1)和模型(2)中系数皆为正值,但其值偏小且皆未通过显著性检验,表明外资是否进入该行业和外来资本的数量并不直接影响区域创新承载力,其可能的原因在于:江苏省 FDI 的流入呈现结构化特征,FDI 的投资主要还集中在制造业领域,而技术密集型和资金密集型的比例偏低,因此难以形成一致性的计量结果。另外,外来资本更在意获取廉价的劳动力和土地等禀赋,因而对区域创新承载力的贡献不大。

7.5 基本结论与启示

在诠释城镇化、产业集群对区域创新承载力的作用过程中,本书提出了3个核心理论研究假设,对模型加入了控制变量、通过滞后一期变量以消除变量内生性,进行了 OLS 回归和 GMM 估计,总体来看模型是稳健的,并有如下经验结论值得关注:

(1)城镇化不仅仅是生产要素的集中过程,更是经济、社会和文化的变迁过程,这一过程对于区域创新承载力的影响是显著的。从知识外溢的角度看,城镇化的过程即为生产要素的空间集聚过程,而要素的集聚会带来正的技术外溢与扩散效应(仇怡,2013),从而有利于集聚地的创新承载力的发展。另外,从结果看,对于区域创新承载力而言,江苏省产业集聚仍然呈现正外部性,显示产业集聚通过知识外溢影响区域知识存量和累进,有利于区域创新承载力的提升;从创新主体的角度看,城镇化和技术创新都需要通过人来产生活动,城市为人们的各种活动提供场所,也为人们提供了良好的教育设施与教育质量,这有利于人们学习新知识,加快人力资本积累。另外,大量的事实表明,城镇产业的繁荣有利于吸引更多高层次人才,并引致技术和知识的流入,这些要素的集聚进一步诱发了新的技术创新和扩散;从创新环境的角度看,城镇化与产业集群在区域中的推进与发展,有利于形成创新活动所需的社会文化、价值准则及行为规范,是形成区域创新承载力的前提条件。城市功能的有机协调,基本单元的相互联系,生产要素的有序流动有助于区域创新承载力的发展。强调"以人为本"的城镇化的发展思路契合区域创新环境发展要素,两者的核心都在于对区域社会、文化及市民基础的发展和改善。

(2)城镇化与产业集群耦合发展有利于改善创新环境,提升区域创新承载力。在引入耦合效应后,可以看出城镇化与产业集聚的协同发展,对于区域创新承载力的发展作用明显。从江苏省的实践结果看,对于区域创新承载力,城镇化—产业集群耦合协调度的影响系数大于城镇化的影响系数,也大于产业集聚的影响系数。该结果表明,城镇化与产业集群的耦合在一定程度上放大了城镇化、产业集群对于区域创新承载力的作用,有利于企业技术创新发展。相反,一旦城镇化与产业集群两者呈现负反馈状态,将可能恶化创新环境,抑制了区域创新承载力的发展,不利于企业技术创新。因此,盲目推进城镇化建设,无视产业发展(政府主导的土地城镇化),或者,超越城市空间能级地推进产业集聚,都不利于区域创新承载力的提升与发展,反而容易引发"城镇空心化"或者"城市病"。

(3)推进"以人为本"的新型城镇化,提升城镇化与产业集群耦合度,对实现"产城融合"具有重要意义。以往那种片面追求规模、资源高消耗、环境严重污染、产城融合不紧密的粗放型工业化和城镇化,实际上都不利于区域创新承载力的提升,也无法实现区域经济的可持续性增长。提高城镇化与产业集群两者的耦合度,引致人口、技术、知识和信息等创新要素和经济活动向城市的适度集中,改善区域创新环境,提升区域创新承载力,是实现技术创新驱动产业转型升级、促进区域经济持续增长的重要选择。

此外，研究还进一步表明，政府过度干预对区域创新承载力的负面影响。在"锦标赛"考核机制下，地方政府往往通过税收减免、土地低价出让和补贴政策等，完成"招商引资"任务。从江苏省的实证结果来看，保护性的产业政策在一定程度上会削弱企业技术创新的动力，降低区域创新承载力。此结论也进一步佐证了弱化地方政府单纯 GDP 考核，从短效考核向长效考核转变的重要性和必要性。

第8章 主要结论、政策启示与研究展望

城镇化与产业集群协同发展是一个地区城市化和工业化进展到一定阶段后一个必须面对的实践问题。城镇化、产业集群与技术创新的关系研究也是近年来区域经济研究向纵深拓展的一个重要论题。从现实的层面看，一些曾经繁荣地方的产业集群发展开始出现停滞、萎缩或者迁移，背后的主要原因是产业集群脱离城市化发展，缺乏创新能力。另外，我国城镇化率在逐步提高，但在一些城镇化率高的地区，其产业发展分散，缺乏有效的产业组织，没有形成集群优势，创新能力依然低下。对这一现象进行深入研究，不仅有益于对产业技术创新的局部差异进行分析和探讨，而且还有望对城市空间优化、产业转型升级及企业空间决策提出新的建议。本书的主旨就是围绕这一现象展开从理论到实证的全面系统论证，通过以下五个方面的工作系统梳理出城镇化与产业集群的耦合效应及影响变化，并寻找相关经验证据：

（1）对现有相关理论与研究成果的归纳。

（2）借鉴巴罗内生增长理论，构建城镇经济的一般生产函数，对城镇化与技术创新的关系进行严谨的数理推导与论证。

（3）考察城镇化与产业集群空间分布的交叠特征，构建城镇化率与产业集中度象限图，以分析城镇化与产业集聚不同形态的具体表征。叠加城镇化、产业集群、技术创新活动数据构建三维图形进行空间展示，总结归纳出城镇化、产业

集群与技术创新的空间特征。

（4）借鉴"协同学"的相关理论，构建城镇化—产业集群耦合及耦合协调度模型，以评价城镇化与产业集群两个系统之间相互作用的性质和强度。在耦合模型的基础上，利用 GMM 法对技术创新效率与城镇化、城镇化—产业集群耦合协调度进行实证分析。

（5）以区域创新承载力为切入点，构建区域创新承载力指标来刻画技术创新活动环境的变化，并以此为核心变量对影响区域创新承载力与城镇化—产业集群耦合协调度进行实证检验，以揭示城镇化与产业集群耦合影响技术创新的"黑箱"。

本章是对全书主要研究结果的一个归纳总结并形成相应的政策启示，指出有待进一步深化研究的问题。

8.1 主要研究结论

（1）本书基于巴罗内生增长理论，构建产业集聚下的城镇经济一般生产函数，推导出广义技术进步函数，揭示不同的产业集聚水平下，城镇化对于技术进步的影响逻辑。理论上，技术创新并不仅仅受单一层面的影响。在产业集聚与城镇化的二重作用下，技术创新往往呈现"非线性"发展。产业集聚处于不同状态，区域对于创新要素的汇集能力有所不同。城镇化进程的不同阶段，也使城镇资源人均占比发生不同程度的变化。产业集聚和城镇化的不断发展，必然导致城镇资源人均占比此消彼长，动态变化，这是技术创新"非线性"发展的主要原因。在产业集聚的条件下，城镇资源人均占比提高是促进区域技术进步及创新的主要原因。因此，人口城镇化虽然提高了城镇人口的数量，但在资本、技术等创新资源投入不变的情况下，反而减少了人均创新资源占有，对技术进步及创新将产生不利影响。另外，城镇化建设投入总量的增长并不一定能带来劳动生产率的提升,只有城镇化建设投入增长快于城镇劳动力增长时(即城镇资源人均占有提高)才能提高劳动生产率。产业集聚处于较低水平时,区域技术创新能力往往处于较低水平。产业集聚处于较高水平时,在城镇化进程不同阶段,城镇化对于技术创新的影响也有所不同。

(2)从现实考察看,城镇化与产业集群空间分布呈现明显的空间交叠特征,城镇化水平的提升与其产业集聚紧密联系。城镇点状形态与产业集群的线性形态在空间上产生了交叠。而从全国范围看,城镇化与产业集聚可分为四种不同形态,城镇化与产业集群处于不同发展阶段对于区域经济发展及技术创新产生不同影响。城镇化与技术创新的空间联结呈现明显的异质性:在技术创新热点区域的城镇化率都处于较高水平;在技术创新非热点区域,城镇化水平与技术创新的关系并未出现一致性特征。从技术创新的空间层面看,我国技术创新活动的区域差异十分明显,其本质上是产业集聚的区域特征差异(包括经济发展水平、区位、人文和社会等方面)对于技术创新活动产生影响的集中体现。总的来看,城镇化、产业集聚与技术创新三者之间形成相互交织、相互作用、相互影响的复杂关系。城镇化、产业集聚与技术创新之间呈现明显的"非线性"关系。静态地考虑产业集聚与技术创新的联系,或者城镇化与技术创新的关系,实际上无法揭示技术创新活跃程度的一般规律。城镇化和产业集群两者相互作用的性质(相互促进还是相互限制)及作用的强弱程度,可能是促进或者制约技术创新活跃程度的根本原因。

(3)城镇化与产业集群是否形成良性共振是区域产业集群获得可持续发展的重要条件。本书所构建的城镇化—产业集群耦合度及耦合协调度,综合反映了城镇化—产业集群经济系统的协调性。既往的研究认为产业越集中,其引致的外部经济性越高,这极易形成产业集聚效应只升不降的误区。本书研究表明,一旦产业集群总贡献度增幅持续超过城镇化总贡献度增幅,城镇承载产业发展的能力将面临严峻考验。如果趋势不变的话,未来该区域城镇空间可能成为其产业集群的进一步发展的限制条件。在此情况下,城镇化—产业集群耦合状态可能成为产业集群发展的"天花板",如无法有效突破耦合协调度门槛值,产业集群就可能发展停滞、萎缩或者迁移。如果城镇化—产业集群耦合协调度突破门槛值，产业集群则会获得新的发展空间，产业转型升级成为可能。另外，城镇化、产业集群各自的系统总贡献值及其增幅往往是不同步的。因此，即使在城镇化—产业集群耦合度相同的条件下，对于产业集群发展的限制性因素也会有所不同。为了提高城镇化—产业集群耦合协调度，就必须对两个子系统的贡总献度进行对比分析，及早发现、提前干预并有效治理总贡献度低的子系统。

（4）以单一的城镇化率和产业集群作为考察对象，在研究中极容易形成城镇化水平与技术创新效率无关的认识误区。本书的实证研究表明，区域内城镇化与产业集群之间的耦合水平将对技术创新效率产生影响。城镇化与产业集群作为地方经济的两大系统，相互交织、互相作用，其结果必然影响该区域企业的技术创新效率。城镇化与产业集群耦合协调度提升会对技术创新效率产生正面影响，且不同行业受城镇化与产业集群耦合水平的影响效应也不尽相同。城镇化与产业集群耦合水平对于劳动密集型企业和技术密集型企业影响显著，特别是对技术密集型企业的影响程度较大，而对于资本密集型企业的影响较弱。因此，微观组织特别是技术密集型企业，在进行技术创新活动的区位选择时，须考虑城镇化与产业集群的耦合状态对其技术创新活动效率的影响。

（5）在诠释城镇化、产业集聚对区域创新承载力的作用的基础上，本书以区域创新承载力为视角，从知识外溢、创新主体和创新环境三个层面，解析城镇化与产业集群耦合对于技术创新的影响效应。研究证明，城镇化与产业集群耦合将引致区域创新承载力的提升、改善区域创新环境，从而有利于企业技术创新活动开展：

第一，城镇化不仅仅是生产要素的集中过程，更是经济、社会和文化的变迁过程，这一过程对于区域创新承载力的影响是显著的。城镇化和技术创新都需要通过人来产生活动。城市为人们的各种活动提供场所，也为人们提供了良好的教育设施与教育质量，这有利于人们学习新知识，加快人力资本积累。城镇及产业的繁荣吸引了更多高层次人才，并引致技术和知识的流入。这些要素的集聚进一步诱发了新的技术创新和技术扩散。城镇化与产业在区域中的推进与发展，有利于形成创新活动所需的社会文化、价值准则及行为规范。城市功能的有机协调，基本单元的相互联系，生产要素的有序流动有助于区域创新承载力的发展。

第二，城镇化与产业集聚耦合发展改善创新环境，提升区域创新承载力，有利于企业技术创新发展。在引入耦合效应后，可以看出城镇化与产业集聚的协同发展，对于区域创新承载力的发展作用明显。从江苏省的实践结果看，对于区域创新承载力，城镇化—产业集群耦合协调度的影响系数大于城镇化的影响系数，也大于产业集聚的影响系数。该结果表明，城镇化与产业集群的耦合在一定程度上放大了城镇化、产业集群对于区域创新承载力的作用，有利于企业技术创新发展。相反，一旦城镇化与产业集群两者呈现负反馈状态，将可能恶化创新环境，抑制了区域创新承载力的发展，对企业技术创新产生负面影响。

第三，政府过度干预对区域创新承载力的负面影响。在"锦标赛"考核机制下，地方政府往往通过税收减免、土地低价出让和补贴政策等，完成"招商引资"任务。从江苏省的实证结果来看，保护性的产业政策在一定程度上会削弱企业技术创新的动力。

8.2 相关政策启示

（1）盲目推进人口城镇化、土地城镇化，忽视产业发展，可能导致城镇"空心化"，不利于城市的长期发展。结合产业发展现状，合理并适度地推进城镇化建设，使城镇资源的人均占比稳定并持续提高才是城镇化建设的重要考量。在城镇化发展初级和中期阶段，地方政府应保持城镇建设支出总量持续增长，使城镇建设支出总量增速高于城镇常住人口增速，以确保城镇资源人均占比提高。而在城镇化的中后期阶段，由于城市规模巨大、地方政府面临巨大的财政压力。为使城镇建设支出总量继续增速高于城镇常住人口增速，地方政府工作重心应该转移至合理有效控制城市人口的快速膨胀。

(2) 针对我国城镇化与产业集聚度"双高"的区域创新活跃省域比例仍然偏少的这一现实,地方政府切忌陷入"为了集聚而集聚"的怪圈中,应注重产业、空间两者的协同效应,在大力推进产业协同集聚的过程中,应根据自身城市规模的大小采取差异化的产业发展政策,以强化城市发展与产业集聚的协同效应。具体而言,一些特大城市和大城市低端制造业及人口过度集中,已超出城市的承载能力,产生"大城市病"和诸多社会问题。这些城市应将劳动密集型和低端制造业向周边中小城市或区外转移。大城市要重点培养高端制造、金融、生产性服务业的集聚发展,充分发挥其创新要素集聚优势,以技术创新驱动产业和城市发展。而对于制造业基础较为薄弱的中西部城市而言,虽然城市的基础设施和公共服务比较完善,但缺乏有竞争力的产业,其中一个重要原因就是缺乏有竞争力的产业集群,这些城市发展的重点应是依托城市的聚集功能,加快产业集群的发展。对于从零起步发展产业和城市化的区域,如规划中的新城市、新工业区和开发区,应在规划阶段就合理安排产业集群与城市化的同步进行,从一开始就实现两者的融合式发展。对于产业基础较好而城镇化相对滞后的一些城市而言,应该加大城市建设力度,提升城市能级以优化和拓展产业发展空间。

(3) 城镇化与产业集群是否形成良性共振是区域产业集群获得可持续发展的重要条件。对于耦合系统而言,城镇化、产业集群的系统总贡献值及其增幅往往是不同步的。因此,即使在城镇化—产业集群耦合度相同的条件下,对于产业集群发展的限制性因素也会有所不同。为了提高城镇化—产业集群耦合协调度,就必须对两个子系统的总贡献度进行对比分析,及早发现、提前干预并有效治理总贡献度低的子系统。地方政府在推动产业发展时,必须采取"两手抓"的综合治理策略。一方面,积极引导产业的规模化发展、重视产业集聚的经济外部性,保持产业集群总贡献度的持续稳定增长;另一方面,要注重拓展产业发展空间,提升城镇化水平,扩大城镇对产业集群的空间承载力。在不同的城镇化—产业集群耦合协调度下,抓住人口流动、产业变迁等关键力量,重塑城镇空间,合理安排产业、交通、公共设施布局和功能融合,把握产业集聚与城镇空间之间互动机制、产业集聚规律和城镇空间结构优化,促进产业从绝对优势、比较优势向可持续竞争优势发展。以提高城镇化—产业集群耦合协调度为抓手，做到让生产空间集约高效、生活空间宜居适度，使城市及产业都获得良好的发展环境。

（4）以新型城镇化实现产城融合，提升城镇化与产业集群的耦合度。区别于以往那种片面追求规模、资源高消耗、环境严重污染、产城融合不紧密的粗放型工业化和城镇化，我国正在强调走以人为本、四化（工业化、信息化、城镇化、农业现代化）同步、集约高效、绿色低碳为基本特征的新型城镇化道路。新型城镇化可以促进产业集群与城镇化的同步进行，提高两者的耦合度，引起人口、创新要素和经济活动向城市的适度集中，引致更多的技术创新活动。针对城镇化—产业集群耦合水平的不同，采取差异化策略：对于低水平耦合，地方政府应采取城镇化与产业集群同时发展的策略，既注重招商引资，提升产业集群规模效应，也必须注重发展新型城镇化，提高新型城镇化和产业集群的耦合协调度；对于中高水平耦合，应进一步对比分析两个子系统总贡献度，如果城镇化总贡献度低于产业集群的总贡献度，此时应适度控制产业集聚规模，缓解产业集聚带来的拥挤效应，政策的重点应该是通过提升新型城镇化水平来改善产业发展环境，以进一步提升耦合度水平。

（5）城镇化不仅仅是生产要素的集中过程，更是经济、社会和文化的变迁过程，这一过程对于区域创新承载力的影响是显著的。从研究结果看，城镇化与产业集聚耦合发展有利于改善创新环境，提升区域创新承载力。盲目推进人口及土地城镇化，或者超越城市承载能级地推进产业集聚，都不利于区域创新承载力的提升与发展，反而容易引发"城镇空心化"或者"城市病"。地方政府应该推进"以人为本"的新型城镇化，通过提升城镇化与产业集群耦合度，实现真正意义上的"产城融合"。以往那种片面追求规模、资源高消耗、环境严重污染、产城融合不紧密的粗放型工业化和城镇化，实际上都不利于区域创新承载力的提升，也无法实现区域经济的可持续性增长。地方政府应该以提高城镇化与产业集群两者的耦合度为抓手，引致人口、创新要素和经济活动向城市的适度集中，从而改善区域创新环境，提升区域创新承载力，进而实现以技术创新驱动区域经济持续增长。

（6）在微观层面，企业区位空间决策不应该盲目跟从与产业集聚的方向，而应该关注城镇化与产业集群的耦合状态。特别是，技术密集型和创新型企业对于城镇化—产业集群耦合度敏感程度更高，城镇化与产业集群的协同有利于知识、信息、技术和人才等创新要素的流动及共享，促进企业技术创新效率的提高。从企业技术创新战略的角度出发，在区位选择及空间决策上，企业应该重点考量不同地区的创新承载力，选择生产空间集约高效、生活空间宜居适度、生态环境良好的地区开展技术创新活动。

8.3 不足之处与研究展望

本书以国内主要省、直辖市和自治区及长三角地区为例，对城镇化、产业集群与技术创新的关系展开系统的理论与实证分析。在前人研究的基础上，本书的工作仅仅是对城镇空间、产业集聚对技术创新的影响展开初步研究。囿于笔者的研究水平、研究时间及数据方面所限，其中必然存在许多不足之处，这也是未来进一步的研究方向。概括来讲，本书的局限及有待深入挖掘之处主要包括以下三个方面：

（1）理论方面，虽然以巴罗内生增长理论为基础，本书构建产业集聚下城镇经济体一般生产函数，用以产业集聚、城镇化对于技术创新影响的二重性，但上述理论推导更多的是以资源要素人均占比讨论为基础，对产业集聚下城镇化影响技术创新的理论解释力度并不完全理想。如果综合社会创新学说和创新地理学说多个模型，并将"产业—空间—社会"纳入技术创新的研究中，可能会更好地解释城镇区域创新何以活跃、受哪些因素影响以及有什么演进规律。此外，本书虽然基于现实考察总结出城镇化、产业集聚与技术创新的空间联结事实及特征，但缺少相应的数理模型，也没有进一步分析城镇化与产业集聚两者均衡条件及其作用机理。这是下一步理论研究可以努力的方向和内容。

（2）实证方面，本书的实证分析多数是从地方主导产业出发。实际上，同类别的行业在城镇空间诉求上大相径庭，也会引致其集聚效应对于技术创新影响的极大差异，但在实证中并没有深入地将行业细分纳入考察范畴，这也是一个有价值的研究方向。

（3）在政策建议方面，由于时间和精力所限，本书没有做更多的微观案例研究和深入调研，对于技术创新的制约因素缺乏全面洞察，也未能对技术创新热点区域的城镇化发展、产业集聚实践规律进行归纳，未能总结出具有普遍意义的城镇化与产业集群协同推动技术创新的基本模式（路径），以为加快区域城市发展和产业转型升级提供更加具体的思路和对策。若能在这一方面作进一步的引申，那么本书的研究将更具实践针对性。此外，若能借鉴演化经济学、产业组织理论及博弈论的思想对城镇化与产业集群的耦合过程进行推理演绎，有利于理解产业与城镇融合的阶段性特征，这将充实城镇化与产业集群耦合的理论研究，更有利于其向动态化方向发展。

参考文献

[1] 蔡宁, 杨旭. 协作与竞争行为和企业集群竞争力的关联机理 [J]. 经济管理, 2002 (18): 49-53.

[2] 曹广忠. 企业布局、产业集聚与小城镇发展——对山东、浙江四个小城镇的调查分析 [J]. 农业经济问题, 2003, 24 (7): 36-40.

[3] 曹文莉, 张小林, 潘义勇等. 发达地区人口、土地与经济城镇化协调发展度研究 [J]. 中国人口·资源与环境, 2012, 22 (2): 141-146.

[4] 曹玉平. 出口贸易、产业空间集聚与技术创新——基于20个细分制造行业面板数据的实证研究 [J]. 经济与管理研究, 2012 (9): 73-82.

[5] 陈秉钊. 知识创新空间论 [M]. 北京: 中国建筑工业出版社, 2007.

[6] 陈春. 健康城镇化发展研究 [J]. 国土与自然资源研究, 2008 (4): 7-9.

[7] 陈建军, 陈国亮, 黄洁. 新经济地理学视角下的生产性服务业集聚及其影响因素研究——来自中国222个城市的经验证据 [J]. 管理世界, 2009, No.187 (4): 83-95.

[8] 陈建军. 供应链协同的知识转移研究 [J]. 科技管理研究, 2009, 29 (2): 177-179.

[9] 陈劲, 郑刚. 企业技术创新管理: 国内外研究现状与展望 [J]. 管理学报, 2004, 1 (1): 119.

［10］陈雯，闫东升，孙伟. 长江三角洲新型城镇化发展问题与态势的判断［J］. 地理研究，2015，34（3）：397－406.

［11］陈晓峰. 产业集群与农村城镇化互动发展研究——以江苏省南通市为例［J］. 安徽行政学院学报，2008，24（3）：56－59.

［12］陈晓峰. 生产性服务业与制造业协同集聚的机理及效应：理论分析与经验求证［D］. 苏州大学博士学位论文，2015.

［13］陈雪梅，赵珂. 中小企业群形成的方式分析［J］. 暨南学报（哲学社会科学版），2001，23（2）：68－73.

［14］陈彦光. 交通网络与城市化水平的线性相关模型［J］. 人文地理，2004，19（1）：62－65.

［15］陈滢. 城镇化与产业集群的互动关系分析［J］. 经济纵横，2007（10）：53－55.

［16］陈卓咏. 最优城市规模理论与实证研究［M］. 北京：中国社会科学出版社，2013.

［17］成良斌. 文化传统、社会资本与技术创新［J］. 中国软科学，2006（11）：120－125.

［18］程春满，王如松. 城市化取向：从产业理念转向生态思维［J］. 城市发展研究，1998（5）：13－17.

［19］程开明. 从城市偏向到城乡统筹发展——城市偏向政策影响城乡差距的 Panel Data 证据［J］. 经济学家，2008，3（3）：28－36.

［20］程莉，周宗社. 人口城镇化与经济城镇化的协调与互动关系研究［J］. 理论月刊，2014（1）：41－41.

［21］池仁勇. 意大利中小企业集群的形成条件与特征［J］. 外国经济与管理，2001，23（8）：27－31.

［22］仇保兴. 我国城镇化的特征、动力与规划调控（续）［J］. 城市发展研究，2003，10（2）：28－36.

［23］仇保兴. 小企业集群研究［M］. 上海：复旦大学出版社，1999.

[24] 仇怡. 城镇化的技术创新效应——基于 1990～2010 年中国区域面板数据的经验研究 [J]. 中国人口科学, 2013 (1): 26-35.

[25] 崔许锋. 民族地区的人口城镇化与土地城镇化: 非均衡性与空间异质性 [J]. 中国人口·资源与环境, 2014, 24 (8): 63-72.

[26] 崔援民. 河北省城市化战略与对策 [M]. 石家庄: 河北科学技术出版社, 1998.

[27] 戴均良. 城镇化发展战略与城市体制创新 [J]. 城市发展研究, 2002 (1): 11-17.

[28] 戴永安. 中国城市化效率及其影响因素——基于随机前沿生产函数的分析 [J]. 数量经济技术经济研究, 2010 (12): 103-117.

[29] 邓劲松, 李君, 张玲等. 城市化过程中耕地土壤资源质量损失评价与分析 [J]. 农业工程学报, 2009, 25 (6): 261-265.

[30] 邸晓燕, 张赤东. 产业技术创新战略联盟的性质、分类与政府支持 [J]. 科技进步与对策, 2011, 28 (9): 59-64.

[31] 丁金宏, 刘振宇, 程丹明等. 中国人口迁移的区域差异与流场特征 [J]. 地理学报, 2005, 60 (1): 106-114.

[32] 丁守海. 中国城镇发展中的就业问题 [J]. 中国社会科学, 2014 (1): 30-47.

[33] 杜德斌, 周天瑜, 王勇等. 世界 R&D 产业的发展现状及趋势 [J]. 世界地理研究, 2007, 16 (1): 1-7.

[34] 杜江, 张伟科, 葛尧. 产业集聚对区域技术创新影响的双重特征分析 [J]. 软科学, 2017 (11): 1-5.

[35] 段会娟, 梁琦. 知识溢出关联与产业集聚 [J]. 软科学, 2009, 23 (11): 9-12.

[36] 范剑勇. 市场一体化、地区专业化与产业集聚趋势——兼谈对地区差距的影响 [J]. 中国社会科学, 2004 (6): 39-51.

[37] 方齐云, 吴光豪. 高技术产业集聚提高了创新效率吗? [J]. 管理现

代化,2015,35(2):55-57.

[38] 盖文启,王缉慈.论区域的技术创新型模式及其创新网络——以北京中关村地区为例[J].北京大学学报(哲学社会科学版),1999,36(5):29-36.

[39] 高良谋,李宇.技术创新与企业规模关系的形成与转化[J].中国软科学,2008(12):96-104.

[40] 高小飞,刘和东.产业集群中的柠檬效应及其有效治理[J].科技管理研究,2011,31(20):198-200.

[41] 辜胜阻,易善策,李华.中国特色城镇化道路研究[J].中国人口·资源与环境,2009,19(1):47-52.

[42] 顾莹,束炯.上海城市化对气象要素和臭氧浓度的影响[J].环境污染与防治,2010,32(5):7-13.

[43] 何应伟,郭明晶,张路.土地城镇化发展研究综述[J].湖北农业科学,2016,55(24):6342-6347.

[44] 洪银兴,陈雯.城市化模式的新发展——以江苏为例的分析[J].经济研究,2000(12):66-71.

[45] 黄锟.中国城镇化的特殊性分析[J].城市发展研究,2011,18(8):6-10.

[46] 黄瑞芬,王佩.海洋产业集聚与环境资源系统耦合的实证分析[J].经济学动态,2011(2):39-42.

[47] 贾根良,张峰.传统产业的竞争力与地方化生产体系[J].中国工业经济,2001(9):46-52.

[48] 贾铁飞,郑辛酉,倪少春.上海城市边缘区样带LUCC的生态效应分析[J].地理与地理信息科学,2006,22(4):84-88.

[49] 姜爱林.城镇化与工业化互动关系研究[J].南京审计学院学报,2004,15(2):1-9.

[50] 姜磊,戈冬梅,季民河.长三角区域创新差异和位序规模体系研究

[J]. 经济地理, 2011, 31 (7): 1101-1106.

[51] 蒋录全, 吴瑞明, 刘恒江等. 产业集群竞争力评价分析及指标体系设计 [J]. 经济地理, 2006, 26 (1): 37-40.

[52] 康宇航, 苏敬勤. 技术创新机会的可视化识别——基于专利计量的实证分析 [J]. 科学学研究, 2008, 26 (4): 695-701.

[53] 雷光和, 傅崇辉, 张玲华等. 中国人口迁移流动的变化特点和影响因素——基于第六次人口普查 [J]. 西北人口, 2013 (5): 1-8.

[54] 雷鹏. 制造业产业集聚与区域经济增长的实证研究 [J]. 上海经济研究, 2011 (1): 35-45.

[55] 黎治华, 高志强, 高炜等. 上海近十年来城市化及其生态环境变化的评估研究 [J]. 国土资源遥感, 2011 (2): 124-129.

[56] 李刚, 周立斌, 曹宏举. 基于理想排序的群组G2赋权方法研究 [J]. 数理统计与管理, 2012, 31 (2): 316-324.

[57] 李强, 陈宇琳, 刘精明. 中国城镇化"推进模式"研究 [J]. 中国社会科学, 2012 (7): 82-100, 204-205.

[58] 李强. 多元城镇化与中国发展: 战略及推进模式研究 [M]. 北京: 社会科学文献出版社, 2013.

[59] 李琴, 孙良媛, 罗凤金. 失地农民是自愿还是非自愿退出劳动力市场——基于珠江三角洲的实证研究 [J]. 农业经济问题, 2009 (8): 78-84.

[60] 李树琮. 中国城市化与小城镇发展 [M]. 北京: 中国财政经济出版社, 2002.

[61] 李小建. 全新框架的《经济地理学》 [J]. 中国大学教学, 2000 (5): 36.

[62] 李昕, 文婧, 林坚. 土地城镇化及相关问题研究综述 [J]. 地理科学进展, 2012, 31 (8): 1042-1049.

[63] 李学杰. 城市化进程中对产城融合发展的探析 [J]. 经济师, 2012 (10): 43-44.

[64] 李兆友. 技术创新主体研究综述 [J]. 哲学动态, 1997 (11): 29 - 32.

[65] 梁杰, 侯志伟. AHP 法专家调查法与神经网络相结合的综合定权方法 [J]. 系统工程理论与实践, 2001, 21 (3): 59 - 63.

[66] 梁琦. 产业集聚的均衡性和稳定性 [J]. 世界经济, 2004 (6): 11 - 17.

[67] 林素钢, 崔秀芹. 人口、土地及经济城镇化协调发展研究综述 [J]. 当代经济, 2017 (33).

[68] 刘爱雄. 产业集群竞争力评价 [J]. 科技管理研究, 2007, 27 (2): 179 - 180.

[69] 刘法威, 许恒周, 王姝. 人口—土地—经济城镇化的时空耦合协调性分析——基于中国省际面板数据的实证研究 [J]. 城市发展研究, 2014, 21 (8): 7 - 11.

[70] 刘凤朝, 孙玉涛. 技术创新、产业结构调整对能源消费影响的实证分析 [J]. 中国人口·资源与环境, 2008, 18 (3): 108 - 113.

[71] 刘航, 孙早. 城镇化动因扭曲与制造业产能过剩——基于 2001 ~ 2012 年中国省级面板数据的经验分析 [J]. 中国工业经济, 2014 (11): 5 - 17.

[72] 刘洁泓. 城市化内涵综述 [J]. 西北农林科技大学学报（社会科学版）, 2009, 9 (4): 55 - 56.

[73] 刘思嘉, 赵金楼. 区域知识资本对经济发展促进作用的特性分析 [J]. 图书馆学研究, 2009 (10): 86 - 91.

[74] 刘湘辉, 孙艳华. 集聚效应: 中小企业集群与城镇化耦合发展的机理分析 [J]. 甘肃社会科学, 2010 (2): 95 - 99.

[75] 刘友金, 黄鲁成. 基于行政区划的区域创新体系研究 [J]. 企业经济, 2001 (3): 13 - 16.

[76] 刘哲明. 产业集聚过度、技术创新与产业升级——基于珠三角产业集群的研究 [J]. 特区经济, 2010 (8): 30 - 32.

[77] 鲁德银. 基于村镇企业产业集群的农村城镇化政策思路——苏浙粤鄂城镇化与乡镇园区的比较 [J]. 农业经济, 2011 (8): 13-15.

[78] 陆大道, 姚士谋, 李国平等. 基于我国国情的城镇化过程综合分析 [J]. 经济地理, 2007, 27 (6): 883-887.

[79] 陆大道, 姚士谋, 刘慧. 2006中国区域发展报告: 城镇化过程及空间扩张 [M]. 北京: 商务印书馆, 2007.

[80] 陆根尧, 符翔云, 朱省娥. 基于典型相关分析的产业集群与城市化互动发展研究: 以浙江省为例 [J]. 中国软科学, 2011 (12): 101-109.

[81] 路永忠, 陈波翀. 中国城市化快速发展的机制研究 [J]. 经济地理, 2005, 25 (4): 506-510.

[82] 吕拉昌, 黄茹, 廖倩. 创新地理学研究的几个理论问题 [J]. 地理科学, 2016, 36 (5): 653-661.

[83] 吕拉昌, 李勇. 基于城市创新职能的中国创新城市空间体系 [J]. 地理学报, 2010, 65 (2): 177-190.

[84] 吕萍, 周滔, 张正峰等. 土地城市化及其度量指标体系的构建与应用 [J]. 中国土地科学, 2008, 22 (8): 24-28.

[85] 罗伯特·J. 巴罗, 李剑. 经济增长的决定因素 [M]. 北京: 中国人民大学出版社, 2004.

[86] 马鹏, 李文秀, 方文超. 城市化、集聚效应与第三产业发展 [J]. 财经科学, 2010 (8): 101-108.

[87] 马志东, 俞会新. 产业集聚与城镇化关系的实证分析——基于我国东中西部差异的视角 [J]. 河北大学学报 (哲学社会科学版), 2016, 41 (6): 80-87.

[88] 马忠东, 王建平. 区域竞争下流动人口的规模及分布 [J]. 人口研究, 2010, 34 (3): 3-16.

[89] 苗长虹, 樊杰, 张文忠. 西方经济地理学区域研究的新视角——论"新区域主义"的兴起 [J]. 经济地理, 2002, 22 (6): 644-650.

[90] 聂萼辉. 城镇化与技术创新的关系研究——基于1990~2011年中部六省的实证分析 [J]. 商, 2013 (20): 313-313.

[91] 宁军明. 经济结构、知识溢出与中国区域经济增长 [J]. 当代财经, 2008 (4): 14-16.

[92] 欧阳文旭. 广东土地城市化与城乡收入差距关系研究 [D]. 暨南大学博士学位论文, 2011.

[93] 潘爱民, 刘友金. 湘江流域人口城镇化与土地城镇化失调程度及特征研究 [J]. 经济地理, 2014, 34 (5): 63-68.

[94] 企业家行为、企业迁移、产业集群与农村城镇化政策 [J]. 财经研究, 2007, 33 (11): 82-91.

[95] 秦润新. 农村城市化的理论与实践 [M]. 北京: 中国经济出版社, 2000.

[96] 丘海雄, 徐建牛. 产业集群技术创新中的地方政府行为 [J]. 管理世界, 2004 (10): 36-46.

[97] 沈能. 中国制造业全要素生产率地区空间差异的实证研究 [J]. 中国软科学, 2006 (6): 101-110.

[98] 沈正平. 优化产业结构与提升城镇化质量的互动机制及实现途径 [J]. 城市发展研究, 2013, 20 (5): 70-75.

[99] 盛世豪. 产业群: 区域竞争力的基础 [J]. 浙江经济, 2002 (9): 12-13.

[100] 史育龙. 我国城市化进程对土地资源影响程度的分析 [J]. 中国人口·资源与环境, 2000, 10 (4): 45-49.

[101] 舒建玲, 张晔. 新型城镇化对农村流通产业的影响分析——基于VAR模型 [J]. 改革与战略, 2015 (2): 91-95.

[102] 苏林, 郭兵, 李雪. 高新园区产城融合的模糊层次综合评价研究——以上海张江高新园区为例 [J]. 工业技术经济, 2013 (7): 12-16.

[103] 苏雪串. 城市化进程中的要素集聚、产业集群和城市群发展 [J].

中央财经大学学报,2004(1):49-52.

[104] 孙凤鹏.长三角地区创新资源配置效率差异研究[J].统计与决策,2016(24):112-115.

[105] 谭清美,夏后学.市民化视角下新型城镇化与产业集聚耦合效果评判[J].农业技术经济,2017(4):106-115.

[106] 唐丽艳,祝庆,王国红.基于区域知识承载力的产业集成创新支持体系的研究[J].当代经济管理,2014,36(9):11-17.

[107] 陶爱萍,查发强,陈宝兰.产业集聚对技术创新的非线性影响[J].技术经济,2017,36(5):82-89.

[108] 汪永星,赵西萍,周密等.人际信任、知识特性在知识转移作用机制中的调节效应研究[J].软科学,2012,26(9):24-29.

[109] 王艾青.技术创新、制度创新与产业创新的关系分析[J].当代经济研究,2005(8):31-34.

[110] 王春光.中国农村社会变迁[M].北京:云南人民出版社,1996.

[111] 王国印,王动.波特假说、环境规制与企业技术创新——对中东部地区的比较分析[J].中国软科学,2011(1):100-112.

[112] 王会,王奇.中国城镇化与环境污染排放:基于投入产出的分析[J].中国人口科学,2011(5):57-66.

[113] 王缉慈.创新的空间:企业集群与区域发展[M].北京:北京大学出版社,2001.

[114] 王缉慈.我国制造业集群分布现状及其发展特征[J].中国质量与品牌,2003,22(6):29-33.

[115] 王家庭,张俊韬.我国城市化进程中的城市土地扩张问题研究[J].现代城市研究,2011(8):12-15.

[116] 王军,朱倩.城市的重要功能:知识溢出[J].生产力研究,2006(4):115-117.

[117] 王萍.基于区域技术创新的知识资本累积模式选择[J].科技管理

研究, 2009, 29 (12): 9-10.

[118] 王锐淇, 汪贻生. 区域知识资本增加路径及变化趋势探析 [J]. 科技进步与对策, 2012, 29 (16): 30-34.

[119] 王兴平, 崔功豪. 中国城市开发区的空间规模与效益研究 [J]. 城市规划, 2003, 27 (9): 6-12.

[120] 王亚力, 吴云超, 赵迪等. 基于流动人口特征的环洞庭湖区县域城镇化的水平和性质分析 [J]. 长江流域资源与环境, 2014, 23 (11): 1519-1525.

[121] 王郁蓉, 师萍. 创新环境研究综述 [J]. 科学管理研究, 2014 (4): 52-55.

[122] 王云平. 2005 特别回眸 [J]. 经济研究参考, 2006 (65): 2, 47.

[123] 魏后凯. 中国城镇化进程中两极化倾向与规模格局重构 [J]. 中国工业经济, 2014 (3): 18-30.

[124] 魏后凯. 走新型城镇化发展之路 [J]. 前线, 2014 (12): 88-89.

[125] 魏娟, 李敏. 产业结构演变促进城市化进程的实证分析——以江苏为例 [J]. 中国科技论坛, 2009 (11): 83-87.

[126] 魏守华. 集群竞争力的动力机制以及实证分析 [J]. 中国工业经济, 2002 (10): 27-34.

[127] 吴敬琏, 赵磊. 推进新型城镇化需解决体制缺陷 [J]. 中国经济周刊, 2013 (47): 20-21.

[128] 吴延兵. R&D 与生产率——基于中国制造业的实证研究 [J]. 经济研究, 2006 (11): 60-71.

[129] 武春友, 张秋艳, 邢蕊. 面向产业集成创新的区域知识承载力影响因素分析 [J]. 现代管理科学, 2013 (1): 29-31.

[130] 武春友, 张秋艳, 周建林. 区域知识承载力对产业集成创新影响评价研究 [J]. 东北大学学报 (社会科学版), 2016, 18 (2): 129-136.

[131] 相丽玲, 张延飞. 我国区域知识竞争力的测度与评价 [J]. 情报理

论与实践，2011，34（4）：21-26.

[132] 肖万春．中国农村城镇化问题研究［D］．中共中央党校博士学位论文，2005.

[133] 谢波．资源产业集聚、技术创新能力与区域经济增长——基于省际面板的实证分析［J］．科技进步与对策，2013，30（7）：31-36.

[134] 谢童伟，吴燕．教育发展差异对人口迁移的影响——基于城市化发展的视角［J］．南方人口，2012，27（6）：15-21.

[135] 谢文蕙，邓卫．城市经济学［M］．北京：清华大学出版社，1996.

[136] 徐康宁，冯伟．基于本土市场规模的内生化产业升级：技术创新的第三条道路［J］．中国工业经济，2010（11）：58-67.

[137] 徐维祥，唐根年，陈秀君．产业集群与工业化、城镇化互动发展模式研究［J］．经济地理，2005，25（6）：868-872.

[138] 徐维祥，唐根年．产业集群与城镇化互动发展模式研究［J］．商业经济与管理，2005（7）：40-44.

[139] 徐维祥．浙江"块状经济"地理空间分布特征及成因分析［J］．中国工业经济，2001（12）：55-60.

[140] 许学强，张俊军．广州城市可持续发展的综合评价［J］．地理学报，2001，56（1）：54-63.

[141] 杨波．试论城市化进程的三个阶段［J］．图书情报导刊，2006，16（8）：107-109.

[142] 杨浩昌，李廉水，刘军．本土市场规模对技术创新能力的影响及其地区差异［J］．中国科技论坛，2015（1）：27-32.

[143] 杨仁发，李娜娜．产业集聚能否促进城镇化［J］．财经科学，2016（6）：124-132.

[144] 杨晓云，綦振法．产业集群竞争力评价指标体系研究［J］．山东理工大学学报（自然科学版），2011，25（2）：95-98.

[145] 姚士谋，李广宇，燕月，陈爽，陈振光．我国特大城市协调性发展的

创新模式探究 [J]. 人文地理, 2012, 27 (5): 48 – 53.

[146] 尹肖妮, 王国红, 周建林. 区域知识承载力与海洋新兴产业集聚耦合研究 [J]. 华东经济管理, 2016, 30 (9): 59 – 65.

[147] 余志良, 谢洪明. 技术创新政策理论的研究评述 [J]. 科学管理研究, 2003, 21 (6): 32 – 37.

[148] 余壮雄, 李莹莹. 资源配置的"跷跷板": 中国的城镇化进程 [J]. 中国工业经济, 2014 (11): 18 – 29.

[149] 袁海红, 张华, 曾洪勇. 产业集聚的测度及其动态变化——基于北京企业微观数据的研究 [J]. 中国工业经济, 2014 (9): 38 – 50.

[150] 袁晓玲, 杨万平. 中国西部城市产业集聚经济效应实证分析——以西安市和成都市为例 [J]. 中国地质大学学报 (社会科学版), 2008, 8 (5): 88 – 92.

[151] 苑韶峰, 杨丽霞, 杨桂山等. 耕地非农化的社会经济驱动因素异质性研究——基于 STIRPAT 和 GWR 模型的实证分析 [J]. 经济地理, 2013, 33 (5): 137 – 143.

[152] 苑卫卫. 产业集群与城镇化互动机理分析 [J]. 统计与管理, 2014 (4): 52 – 53.

[153] 曾刚, 李英戈, 樊杰. 京沪区域创新系统比较研究 [J]. 城市规划, 2006 (3): 32 – 38.

[154] 曾鹏. 当代城市创新空间理论与发展模式研究 [D]. 天津大学博士学位论文, 2007.

[155] 张爱武, 刘玲. 新型城镇化视角下的产业集群发展研究 [J]. 宏观经济管理, 2013 (12): 66 – 67.

[156] 张萃, 赵伟. 对外开放与制造业区域集聚: 新经济地理学的最新拓展 [J]. 暨南大学学报 (哲学社会科学版), 2010, 32 (5): 62 – 70.

[157] 张飞, 孔伟. 我国土地城镇化的时空特征及机理研究 [J]. 地域研究与开发, 2014, 33 (5): 144 – 148.

[158] 张钢. 从创新主体到创新政策: 一个基于全过程的观点 [J]. 自然辩证法通讯, 1995 (6): 27-34.

[159] 张建伟, 杜德斌, 张战仁. 研发产业与城市化互动视角下研发城市的构建 [J]. 科学学与科学技术管理, 2011, 32 (5): 102-107.

[160] 张锦宗, 朱瑜馨, 周杰. 人口、经济对中国城市化的影响分析 [J]. 人口与经济, 2009 (1): 1-4.

[161] 张林波, 李文华, 刘孝富等. 承载力理论的起源、发展与展望 [J]. 生态学报, 2009, 29 (2): 878-888.

[162] 张松林, 李清彬, 武鹏. 对中国城市化与服务业发展双重滞后的一个解释——基于新兴古典经济学的视角 [J]. 经济评论, 2010 (5): 56-62.

[163] 张苏梅, 顾朝林, 葛幼松等. 论国家创新体系的空间结构 [J]. 人文地理, 2001, 16 (1): 51-54.

[164] 张永安, 田钢. 基于复杂适应系统理论的集群创新研究综述 [J]. 科学学与科学技术管理, 2008, 29 (2): 60-65.

[165] 赵静杰, 马静. 区域知识资本评价及对我国创新集群发展的作用 [J]. 情报科学, 2010 (8): 1183-1188.

[166] 赵树宽, 余海晴, 姜红. 技术标准、技术创新与经济增长关系研究——理论模型及实证分析 [J]. 科学学研究, 2012, 30 (9): 1333-1341.

[167] 赵昕. 产业集聚与城市化关系的实证分析——基于面板数据模型 [J]. 印度洋经济体研究, 2007, 21 (4): 94-97.

[168] 赵增耀, 陈斌. 城镇化与产业集群的耦合对技术创新效率的影响——基于江苏省的实证研究 [J]. 苏州大学学报 (哲学社会科学版), 2017, 38 (3): 32-40.

[169] 甄峰, 曹小曙, 姚亦锋. 信息时代区域空间结构构成要素分析 [J]. 人文地理, 2004, 19 (5): 40-45.

[170] 周国程. 浙江中小企业集群创新行为影响因素的实证分析 [D]. 浙江工业大学博士学位论文, 2010.

[171] 朱道才,周加来. 基于集聚经济的我国城市化战略取向 [J]. 经济问题探索,2006 (10): 45 - 48.

[172] 朱莉芬,黄季焜. 城镇化对耕地影响的研究 [J]. 经济研究,2007 (2): 36 - 43.

[173] 朱林兴,孙林桥. 论区域农村城市化差异 [J]. 上海社会科学院学术季刊,1996 (4): 107 - 113.

[174] 朱林兴,孙林桥. 论中国小城镇的建设 [J]. 财经研究,1999 (3): 38 - 43.

[175] 朱林兴. 中国社会主义城市经济学 [M]. 上海:上海社会科学院出版社,1986.

[176] 朱相宇,乔小勇. 2000~2012 年城镇化研究综述 [J]. 中国经济问题,2014 (3): 101 - 108.

[177] 邹小勤. 西部地区内生型城镇化的理论与实证研究 [D]. 重庆大学博士学位论文,2016.

[178] Amin A., Thrift N. Globalization. Institutions and Regional Development in Europe [M]. Oxford New York: Oxford University Press, 1994.

[179] Andersson R, Quigley J M, Wilhelmsson M. Urbanization, productivity, and innovation: Evidence from investment in higher education [J]. Journal of Urban Economics, 2009, 66 (1): 2 - 15.

[180] Archibugi D, Lundvall B. Part III. The Globalizing Innovation Process [J]. Globalizing Learning Economy, 2002: 109 - 111.

[181] Arrow K. J. The economic implications of learning by doing [J]. Review of Economic Studeis, 1962, 29 (3): 155 - 173.

[182] Asheim B T. Industrial districts, inter - firm cooperation and endogenous technological development: The experience of developed countries [J]. Gioacchino Garofoli, 1994 (1): 117 - 166.

[183] Audretsch D B, Feldman M P. Innovative Clusters and the Industry Life

Cycle [J]. Review of Industrial Organization, 1996, 11 (2): 253 -273.

[184] Belussi F, Pilotti L. Knowledge creation, learning and innovation in Italian Industrial districts [M] // The Technological Evolution of Industrial Districts. Springer US, 2003: 125 -139.

[185] Bertinelli L, Zou B. Does Urbanization Foster Human Capital Accumulation? [J]. Journal of Developing Areas, 2008, 41 (2): 171 -184.

[186] Brueckner J K, Thisse J F, Zenou Y. Why Is Central Paris Rich and Downtown Detroit Poor? An Amenity - based Theory. [J]. Core Discussion Papers Rp, 1999, 43 (1): 91 -107.

[187] Buyantuyev A, Wu J. Urban heat islands and landscape heterogeneity: linking spatiotemporal variations in surface temperatures to land - cover and socioeconomic patterns [J]. Landscape Ecology, 2010, 25 (1): 17 -33.

[188] Castells M, Hall P G. Technopoles of the world: The Making of Twenty - first - century Industrial Complexes [M]. Routledge, 1994.

[189] Chan K W. Fundamentals of China's Urbanization and Policy [J]. China Review An Interdisciplinary Journal on Greater China, 2010, 10 (1): 63 -93.

[190] Cheng H, Shen Y. Foreign Direct Investment and Economic Growth: The Importance of Institutions and Urbanization [J]. Economic Development & Cultural Change, 2003, 51 (4): 883 -896.

[191] Chiew Ping Yew. Pseudo - Urbanization? Competitive government behavior and urban sprawl in China [J]. Journal of Contemporary China, 2012, 21 (74): 281 -298.

[192] Cowan R, David P A, Foray D. The explicit economics of knowledge codification and tacitness [J]. Social Science Electronic Publishing, 2000, 9 (2): 195 -237.

[193] Daily G C, Ehrlich P R. Population, Sustainability, and Earth's Carrying Capacity [J]. Bioscience, 1992, 42 (10): 761 -771.

[194] Davis J C, Henderson J V. Evidence on the political economy of the urbanization process [J]. Journal of Urban Economics, 2003, 53 (1): 98 – 125.

[195] Ebrahim S, Kinra S, Bowen L, et al. Correction: The Effect of Rural – to – Urban Migration on Obesity and Diabetes in India: A Cross – Sectional Study [J]. Plos Medicine, 2011, 8 (5): 352 – 353.

[196] Fanni Z. Cities and urbanization in Iran after the Islamic revolution [J]. Cities, 2006, 23 (6): 407 – 411.

[197] Florida R, Gates G. Technology and Tolerance: Diversity and High – Tech Growth [J]. Brookings Review, 2002, 20 (1): 32 – 36.

[198] Friedmann J. Four Theses in the Study of China's Urbanization [J]. International Journal of Urban & Regional Research, 2006, 30 (2): 440 – 451.

[199] Friedmann J. Review Symposium : The Economy of Cities. Jane Jacobs [J]. Urban Affairs Review, 1970, 5 (4): 474 – 480.

[200] Geenhuizen, van M, Nijkamp P, Rijckenberg H. Universities and knowlegde – based economic growth. The case of Delft [J]. Geojournal, 1997, 41: 369 – 377.

[201] Gibbons, M. et al. The New Production of Knowledge: The Dynamics of Science and Research in Contemporary Societies [M]. London: Sage publications, 1994.

[202] Gokcen Kilinc, Nuran Zeren Gulersoy. Evaluation of the Potential for Districts/Counties to Become Provinces with Respect to the Level of Urbanization in Turkey [J]. European Planning Studies, 2011, 19 (8): 1557 – 1580.

[203] Gu C, Wu F. Urbanization in China: Processes and Policies [J]. China Review, 2010, 10 (1): 1 – 9.

[204] Hara Y, Takeuchi K, Okubo S. Urbanization linked with past agricultural landuse patterns in the urban fringe of a deltaic Asian mega – city: A case study in Bangkok [J]. Landscape & Urban Planning, 2005, 73 (1): 16 – 28.

[205] Hara Y, Takeuchi K, Okubo S. Urbanization linked with past agricultural

landuse patterns in the urban fringe of a deltaic Asian mega – city: A case study in Bangkok [J]. Landscape & Urban Planning, 2005, 73 (1): 16 – 28.

[206] Harris J R, Todaro M P. Migration, Unemployment and Development: A Two – Sector Analysis [J]. American Economic Review, 1970, 60 (1): 126 – 142.

[207] Henderson J V, Wang H G. Urbanization and city growth: The role of institutions [J]. Regional Science & Urban Economics, 2007, 37 (3): 283 – 313.

[208] Ingerman S H, Piore M J, Sabel C F. The Second Industrial Divide: Possibilities for Prosperity. New York: Basic Books [J]. Labour, 1987, 20 (4): 302.

[209] Jong J D, Freel M. Geographical distance of innovation collaborations [J]. Scales Research Reports, 2010.

[210] Kanter R M. Thriving locally in the global economy [J]. Harvard Business Review, 2003, 81 (8): 119 – 127.

[211] Krugman P R. Geography and trade [J]. Southern Economic Journal, 1991 (1): 7 – 14.

[212] Kumar A, Kober B. Urbanization, human capital, and cross – country productivity differences [J]. Economics Letters, 2012, 117 (1): 14 – 17.

[213] Kuznets S. Economic Growth and Income Inequality [J]. American Economic Review, 1955, 45 (1): 1 – 28.

[214] Kuznets, S. Economic Growth of Countries [M]. 北京: 中国商业出版社, 1985.

[215] Lewis W A. Economic Development with Unlimited Supplies of Labour [J]. Manchester School of Economics & Social Studies, 1954, 22 (2): 139 – 191.

[216] Lundvall B. Innovation as an interactive process [J]. China Soft Science, 2010, 17 (1): 101 – 106.

[217] Marshall A. Element of Economics of Industry [M]. Oxford New York: Oxford University Press, 1890.

[218] Marshall A. Principles of Economics: An Introductory Volume [J]. So-

cial Science Electronic Publishing, 1920, 67 (1742): 457.

[219] Maryann P. Feldman. The New Economics of Innovation, Spillovers and Agglomeration: Areview of Empirical Studies [J]. Economics of Innovation & New Technology, 1999, 8 (1-2): 5-25.

[220] Murakami A, Medrial Zain A, Takeuchi K, et al. Trends in urbanization and patterns of land use in the Asian mega cities Jakarta, Bangkok, and Metro Manila [J]. Landscape & Urban Planning, 2005, 70 (3): 251-259.

[221] Nijkamp P, Damman M, Geenhuizen M V. Innovative behavior in European cities: The relevance of knowledge networks [J]. Applied Geographic Studies, 1997, 1 (1): 13-30.

[222] Nordhaus W D. World Dynamics: Measurement Without Data [J]. Economic Journal, 1973, 83 (332): 1156-1183.

[223] Northam R M. Urban Geography [J]. Routledge, 1979, 23 (2): 430-444.

[224] Ouwersloot H, Rietveld P. The Geography of R&D; Tobit Analysis and Bayesian Approach to Mapping R&D Activities for The Netherlands [J]. Environment & Planning A, 2000, 32 (9): 1673-1688.

[225] Park R E, Burgess E W. Introduction to the science of sociology [M]. The Univ of Chigago PR, 1920.

[226] Piore M J, Sabel C F. The Second Industrial Divide: Possibilities for Prosperity [J]. American Journal of Sociology, 2011, 73 (1): 96.

[227] Potts D. The slowing of Sub-Saharan Africa's Urbanization: Evidence and implications for Urban Livelihoods [J]. Environment & Urbanization, 2009, 21 (1): 253-259.

[228] Renski H C. External economies of localization, urbanization and industrial diversity and new firm survival [M] // Papers in Regional Science, 2011.

[229] Roberta Capello. Spatial Transfer of Knowledge in High Technology Milieux: Learning versus Collective Learning Processes (Volume 33, Number 4, 1999)

[J]. Regional Studies, 1999, 33 (4): 353-365.

[230] Romer P M. Increasing Returns and Long-Run Growth [J]. Journal of Political Economy, 1986, 94 (5): 1002-1037.

[231] Satterthwaite D. The implications of population growth and urbanization for climate change [J]. Environment & Urbanization, 2009, 21 (2): 545-567.

[232] Saxenian A. Contrasting patterns of business organization in Silicon Valley [J]. Environment & Planning D Society & Space, 1992, 10 (4): 377-391.

[233] Scheffers B R, Paszkowski C A. Amphibian use of urban stormwater wetlands: The role of natural habitat features [J]. Landscape & Urban Planning, 2013, 113 (113): 139-149.

[234] Yu M, Carmichael G R, Zhu T, et al. Sensitivity of predicted pollutant levels to urbanization in China [J]. Atmospheric Environment, 2012, 60 (60): 544-554.

[235] Zhang L, Zhao S X. Reinterpretation of China's under-urbanization: A systemic perspective [J]. Habitat International, 2003, 27 (3): 459-483.

[236] Zhang L. Conceptualizing China's urbanization under reforms [J]. Habitat International, 2008, 32 (4): 452-470.

附表1 国内专利申请授权年度状况（1985~2015年）

地区（Regions）	总累计（Accumulated Number）	1985~2010年	2011年	2012年	2013年	2014年	2015年
全国总计（Total）	9466351	3384472	883861	1163226	1228413	1209402	1596977
北京（Beijing）	511307	188545	40888	50511	62671	74661	94031
天津（Tianjin）	182335	60022	13982	19782	24856	26351	37342
河北（Hebei）	164081	69199	11119	15315	18186	20132	30130
山西（Shanxi）	65689	26563	4974	7196	8565	8371	10020
内蒙古（InnerMongolia）	34589	15854	2262	3084	3836	4031	5522
辽宁（Liaoning）	227292	120530	19176	21223	21656	19525	25182
吉林（Jilin）	68949	36306	4920	5930	6219	6696	8878
黑龙江（Heilongjiang）	140531	53853	12236	20268	19819	15412	18943
上海（Shanghai）	484311	225052	47960	51508	48680	50488	60623
江苏（Jiangsu）	1567109	407384	199814	269944	239645	200032	250290
浙江（Zhejiang）	1369864	425334	130190	188463	202350	188544	234983
安徽（Anhui）	283253	50983	32681	43321	48849	48380	59039
福建（Fujian）	278230	88887	21857	30497	37511	37857	61621
江西（Jiangxi）	87811	26314	5550	7985	9970	13831	24161
山东（Shandong）	617287	235052	58844	75496	76976	72818	98101
河南（Henan）	238393	81729	19259	26791	29482	33366	47766
湖北（Hubei）	216982	77641	19035	24475	28760	28290	38781
湖南（Hunan）	200441	76061	16064	23212	24392	26637	34075

续表

地区（Regions）	总累计（Accumulated Number）	1985~2010年	2011年	2012年	2013年	2014年	2015年
广东（Guangdong）	1447981	574411	128413	153598	170430	179953	241176
广西（Guangxi）	67758	26335	4402	5900	7884	9664	13573
海南（Hainan）	11887	5040	765	1093	1331	1597	2061
重庆（Chongqing）	176436	52493	15525	20364	24828	24312	38914
四川（Sichuan）	353266	124358	28446	42218	46171	47120	64953
贵州（Guizhou）	59168	17586	3386	6059	7915	10107	14115
云南（Yunnan）	63314	26676	4199	5853	6804	8124	11658
西藏（Tibet）	1575	835	142	133	121	146	198
陕西（Shaanxi）	151902	48326	11662	14908	20836	22820	33350
甘肃（Gansu）	35096	12305	2383	3662	4737	5097	6912
青海（Qinghai）	5888	2485	538	527	502	619	1217
宁夏（Ningxia）	11864	5907	613	844	1211	1424	1865
新疆（Xinjiang）	42102	17024	2642	3439	4998	5238	8761
香港（Hong Kong）	38331	25020	2588	2619	2297	2867	2940
澳门（Macao）	540	205	19	26	93	55	142
台湾（Taiwan）	260789	180157	17327	16982	15832	14837	15654
广州（Guangzhou）	220656	85999	18339	22045	26192	28198	39883
长春（Changchun）	35621	14190	3146	3884	4014	4406	5981
武汉（Wuhan）	122408	43155	11588	13689	15901	16335	21740
南京（Nanjing）	136974	35343	12419	18584	19565	22910	28153
杭州（Hangzhou）	266791	75746	29075	40554	41511	33585	46320
西安（Xi'an）	112235	31982	9274	11862	16250	17495	25372
济南（Jinan）	100724	35377	11345	14264	12405	11760	15573
沈阳（Shenyang）	76342	41515	5456	6752	6924	6661	9034
成都（Chengdu）	240875	76859	21228	32533	33468	31935	44852
大连（Dalian）	64644	28655	8115	7491	7316	5886	7181
厦门（Xiamen）	64083	21454	5485	7479	8248	8943	12474
哈尔滨（Harbin）	73448	25334	6260	9788	10315	9284	12467
深圳（Shenzhen）	402829	139063	39363	48791	49785	53701	72126
青岛（Qingdao）	106774	36747	9085	12721	13861	14184	20176
宁波（Ningbo）	320435	76171	37309	59175	58406	43286	46088
新疆兵团（Xinjiangbingtuan）	3283	604	307	437	479	526	930

资料来源：国家知识产权局。

附表2 国内三种专利申请授权量（2014年）

地区（Regions）	总累计（Accumulated Number）			2014年		
	发明（Invention）	实用新型（Utility Model）	外观设计（Design）	发明（Invention）	实用新型（Utility Model）	外观设计（Design）
全国总计（Total）	898543	4057480	2913351	162680	699971	346751
北京（Beijing）	131465	229326	56485	23237	44071	7353
天津（Tianjin）	22381	98665	23947	3279	20122	2950
河北（Hebei）	12984	94002	26965	2286	14253	3593
山西（Shanxi）	9464	36899	9306	1559	5569	1243
内蒙古（InnerMongolia）	3340	18770	6957	458	2908	665
辽宁（Liaoning）	28280	148096	25734	3975	13432	2118
吉林（Jilin）	10756	40009	9306	1434	4533	729
黑龙江（Heilongjiang）	15704	78999	26885	2454	11036	1922
上海（Shanghai）	72508	210203	140977	11614	30704	8170
江苏（Jiangsu）	88481	484488	743850	19671	100810	79551
浙江（Zhejiang）	66975	512837	555069	13372	99508	75664
安徽（Anhui）	18551	146012	59651	5184	36748	6448
福建（Fujian）	15556	112139	88914	3426	21013	13418
江西（Jiangxi）	5672	37813	20165	1033	7637	5161
山东（Shandong）	48491	376254	94441	10538	53555	8725
河南（Henan）	18564	131701	40362	3493	23539	6334
湖北（Hubei）	25709	117315	35177	4855	19801	3634
湖南（Hunan）	22435	101950	41981	4160	15967	6510
广东（Guangdong）	127933	473098	605774	22276	83202	74475

续表

地区（Regions）	总累计（Accumulated Number）			2014 年		
	发明（Invention）	实用新型（Utility Model）	外观设计（Design）	发明（Invention）	实用新型（Utility Model）	外观设计（Design）
广西（Guangxi）	6875	33771	13539	1933	6138	1593
海南（Hainan）	2077	4355	3394	380	848	369
重庆（Chongqing）	12817	81019	43686	2321	15885	6106
四川（Sichuan）	27499	136269	124545	5682	24060	17378
贵州（Guizhou）	5220	25165	14668	1047	5207	3853
云南（Yunnan）	8697	29490	13469	1423	5438	1263
西藏（Tibet）	247	374	756	50	47	49
陕西（Shaanxi）	23891	77835	16826	4885	15405	2530
甘肃（Gansu）	4743	19037	4404	812	3538	747
青海（Qinghai）	681	2374	1616	110	357	152
宁夏（Ningxia）	1168	5983	2848	243	1048	133
新疆（Xinjiang）	3067	23862	6412	605	3850	783
香港（Hong Kong）	3494	8815	23082	466	815	1586
澳门（Macao）	65	209	124	14	32	9
台湾（Taiwan）	52753	160346	32036	4405	8895	1537
广州（Guangzhou）	24027	75990	80756	4597	13557	10044
长春（Changchun）	7440	18073	4127	1136	2918	352
武汉（Wuhan）	20500	64540	15628	3874	10871	1590
南京（Nanjing）	27015	54112	27694	5275	11894	5741
杭州（Hangzhou）	31563	110032	78876	5559	18152	9874
西安（Xi'an）	20153	56555	10155	4379	12101	1015
济南（Jinan）	12155	64116	8880	2610	8284	866
沈阳（Shenyang）	11345	45343	10620	1656	4196	809
成都（Chengdu）	18514	81102	96407	4021	14612	13302
大连（Dalian）	9083	42377	6003	1363	3988	535
厦门（Xiamen）	4881	29057	17671	1011	5615	2317
哈尔滨（Harbin）	12202	36494	12385	2085	6205	994
深圳（Shenzhen）	76839	140385	113479	12032	25425	16244
青岛（Qingdao）	10488	55271	20839	2864	9589	1731
宁波（Ningbo）	12095	113956	148296	2832	21627	18827
新疆兵团（Xinjiangbingtuan）	309	1867	177	86	405	35

资料来源：国家知识产权局。

附表3 国内三种专利申请授权量（2015年）

地区（Regions）	总累计（Accumulated Number）			2015年		
	发明（Invention）	实用新型（Utility Model）	外观设计（Design）	发明（Invention）	实用新型（Utility Model）	外观设计（Design）
全国总计（Total）	1161979	4926214	3378158	263436	868734	464807
北京（Beijing）	166773	275099	69435	35308	45773	12950
天津（Tianjin）	27005	127151	28179	4624	28486	4232
河北（Hebei）	16824	113105	34152	3840	19103	7187
山西（Shanxi）	11896	42936	10857	2432	6037	1551
内蒙古（InnerMongolia）	4137	22527	7925	797	3757	968
辽宁（Liaoning）	34849	163802	28641	6569	15706	2907
吉林（Jilin）	12996	45647	10306	2240	5638	1000
黑龙江（Heilongjiang）	19728	91501	29302	4024	12502	2417
上海（Shanghai）	90109	243334	150868	17601	33131	9891
江苏（Jiangsu）	124496	604001	838612	36015	119513	94762
浙江（Zhejiang）	90320	637302	642242	23345	124465	87173
安徽（Anhui）	29731	187106	66416	11180	41094	6765
福建（Fujian）	21286	146225	110719	5730	34086	21805
江西（Jiangxi）	7311	51221	29279	1639	13408	9114
山东（Shandong）	65372	445030	106885	16881	68776	12444
河南（Henan）	23948	164293	50152	5384	32592	9790
湖北（Hubei）	33475	142613	40894	7766	25298	5717
湖南（Hunan）	29211	120417	50813	6776	18467	8832
广东（Guangdong）	161410	578352	708219	33477	105254	102445
广西（Guangxi）	10892	40862	16004	4017	7091	2465

续表

地区（Regions）	总累计（Accumulated Number）			2015年		
	发明（Invention）	实用新型（Utility Model）	外观设计（Design）	发明（Invention）	实用新型（Utility Model）	外观设计（Design）
海南（Hainan）	2494	5503	3890	417	1148	496
重庆（Chongqing）	16781	106463	53192	3964	25444	9506
四川（Sichuan）	36604	167689	148973	9105	31420	24428
贵州（Guizhou）	6721	32172	20275	1501	7007	5607
云南（Yunnan）	10776	36927	15611	2079	7437	2142
西藏（Tibet）	287	425	863	40	51	107
陕西（Shaanxi）	30703	93986	27213	6812	16151	10387
甘肃（Gansu）	5981	23515	5600	1238	4478	1196
青海（Qinghai）	888	3061	1939	207	687	323
宁夏（Ningxia）	1610	7250	3004	442	1267	156
新疆（Xinjiang）	4017	28911	9174	950	5049	2762
香港（Hong Kong）	4115	9617	24599	621	802	1517
澳门（Macao）	82	229	229	17	20	105
台湾（Taiwan）	59151	167942	33696	6398	7596	1660
广州（Guangzhou）	30653	93283	96720	6626	17293	15964
长春（Changchun）	9272	21754	4595	1832	3681	468
武汉（Wuhan）	26503	78149	17756	6003	13609	2128
南京（Nanjing）	35283	69205	32486	8268	15093	4792
杭州（Hangzhou）	39861	134848	92082	8298	24816	13206
西安（Xi'an）	26145	68690	17400	5992	12135	7245
济南（Jinan）	16070	74186	10468	3915	10070	1588
沈阳（Shenyang）	14025	50731	11586	2680	5388	966
成都（Chengdu）	24720	101056	115099	6206	19954	18692
大连（Dalian）	11420	46453	6771	2337	4076	768
厦门（Xiamen）	6575	35676	21832	1694	6619	4161
哈尔滨（Harbin）	15692	43973	13783	3490	7579	1398
深圳（Shenzhen）	93795	173489	135545	16956	33104	22066
青岛（Qingdao）	15658	67591	23525	5170	12320	2686
宁波（Ningbo）	17507	137027	165901	5412	23071	17605
新疆兵团（Xinjiangbingtuan）	483	2576	224	174	709	47

资料来源：国家知识产权局。

附表4 2012~2015年中国各省区市分行业技术创新数据

省区市	发明专利授权量	电机/电气装置/电能发明专利授权量	计算机技术发明专利授权量	数字通信发明专利授权量	基础材料化学发明专利授权量	机床领域发明专利授权量	材料/冶金发明专利授权量	测量领域发明专利授权量
北京	97040	5634	10484	12228	7755	2030	5602	11279
天津	14180	859	578	235	1043	778	882	1467
河北	9989	573	127	115	897	846	1090	830
山西	6529	303	66	36	756	497	880	541
内蒙古	2396	69	34	10	201	69	378	133
辽宁	18083	1304	458	248	1336	1547	2626	1576
吉林	6659	313	130	64	566	284	470	964
黑龙江	10921	738	451	337	709	729	736	1542
上海	50551	3891	2748	2875	2845	2156	3167	4704
江苏	86194	7565	2841	2372	5381	6614	5732	6785
浙江	57536	5227	1741	2326	2870	4059	3288	4142
安徽	22225	1484	385	229	1690	1421	1825	1633
福建	14638	1087	713	652	848	593	999	919
江西	4327	245	110	33	282	159	749	303
山东	42629	1630	910	690	3420	1827	2813	2744
河南	15005	1005	245	229	1116	858	1895	1186
湖北	20237	1288	1040	854	1409	1120	2343	2071
湖南	17570	1135	625	273	1166	782	2144	1375
广东	96735	10380	8545	19639	4765	3048	3004	5311

续表

省区市	发明专利授权量	电机/电气装置/电能发明专利授权量	计算机技术发明专利授权量	数字通信发明专利授权量	基础材料化学发明专利授权量	机床领域发明专利授权量	材料/冶金发明专利授权量	测量领域发明专利授权量
广西	7789	358	81	106	1009	406	782	442
海南	1680	8	15	24	287	14	33	39
重庆	10921	635	338	457	429	788	883	1201
四川	23216	1394	1095	1250	1518	1004	2325	2221
贵州	3868	280	35	24	329	223	593	244
云南	6022	161	76	22	591	153	816	423
西藏	183	1	3	0	6	1	9	11
陕西	19674	1244	1433	896	1816	1054	2036	2718
甘肃	3475	176	34	31	397	97	400	328
青海	454	14	0	5	39	2	110	16
宁夏	983	57	10	11	72	62	188	44
新疆	2479	67	22	5	337	73	237	135

资料来源:《全球专利创新活动研究报告2016》,经笔者整理获得。

附表5 全国各省、直辖市及自治区城镇化率（2013～2017年）

年份	2017			2016			2015			2014			2013		
地区	城镇人口（万）	总人口（万）	城镇化率	城镇人口（万）	总人口（万）	城镇化率	城镇人口（万）	总人口（万）	城镇化率	城镇人口（万）	总人口（万）	城镇化率	城镇人口（万）	总人口（万）	城镇化率
北京	1878	2171	0.8650	1880	2173	0.8652	1877	2171	0.8646	1858	2152	0.8634	1825	2115	0.8629
天津	1291	1557	0.8292	1295	1562	0.8291	1278	1547	0.8261	1248	1517	0.8227	1207	1472	0.8200
河北	4136	7520	0.5500	3983	7470	0.5332	3811	7425	0.5133	3642	7384	0.4932	3528	7333	0.4811
山西	2123	3702	0.5735	2070	3682	0.5622	2016	3664	0.5502	1962	3648	0.5378	1908	3630	0.5256
内蒙古	1568	2529	0.6200	1542	2520	0.6119	1514	2511	0.6029	1491	2505	0.5952	1466	2498	0.5869
辽宁	2949	4369	0.6750	2949	4378	0.6736	2952	4382	0.6737	2944	4391	0.6705	2917	4390	0.6645
吉林	1539	2717	0.5664	1530	2733	0.5598	1523	2753	0.5532	1509	2752	0.5483	1491	2751	0.5420
黑龙江	2250	3789	0.5938	2249	3799	0.5920	2241	3812	0.5879	2224	3833	0.5802	2201	3835	0.5739
上海	2121	2418	0.8772	2127	2420	0.8789	2116	2415	0.8762	2173	2426	0.8957	2164	2415	0.8961
江苏	5521	8029	0.6876	5417	7999	0.6772	5306	7976	0.6652	5191	7960	0.6521	5090	7939	0.6411
浙江	3847	5657	0.6800	3745	5590	0.6699	3645	5539	0.6581	3573	5508	0.6487	3519	5498	0.6401

附表5 全国各省、直辖市及自治区城镇化率（2013～2017年）

续表

年份	2017			2016			2015			2014			2013		
地区	城镇人口（万）	总人口（万）	城镇化率	城镇人口（万）	总人口（万）	城镇化率	城镇人口（万）	总人口（万）	城镇化率	城镇人口（万）	总人口（万）	城镇化率	城镇人口（万）	总人口（万）	城镇化率
安徽	3346	6255	0.5349	3221	6196	0.5199	3103	6144	0.5050	2990	6083	0.4915	2886	6030	0.4786
福建	2534	3911	0.6479	2464	3874	0.6360	2403	3839	0.6259	2352	3806	0.6180	2293	3774	0.6076
江西	2524	4622	0.5461	2438	4592	0.5309	2357	4566	0.5162	2281	4542	0.5022	2210	4522	0.4887
山东	6062	10006	0.6058	5871	9947	0.5902	5614	9847	0.5701	5385	9789	0.5501	5232	9733	0.5376
河南	4795	9559	0.5016	4623	9532	0.4850	4441	9480	0.4685	4265	9436	0.4520	4123	9413	0.4380
湖北	3500	5902	0.5930	3419	5885	0.5810	3327	5852	0.5685	3238	5816	0.5567	3161	5799	0.5451
湖南	3747	6860	0.5462	3599	6822	0.5276	3452	6783	0.5089	3320	6737	0.4928	3209	6691	0.4796
广东	7802	11169	0.6985	7611	10999	0.6920	7454	10849	0.6871	7292	10724	0.6800	7212	10644	0.6776
广西	2404	4885	0.4921	2326	4838	0.4808	2257	4796	0.4706	2187	4754	0.4600	2115	4719	0.4482
海南	537	926	0.5799	521	917	0.5682	502	911	0.5510	486	903	0.5382	472	895	0.5274
重庆	1971	3075	0.6410	1908	3048	0.6260	1838	3017	0.6092	1783	2991	0.5961	1733	2970	0.5835
四川	4217	8302	0.5079	4066	8262	0.4921	3912	8204	0.4768	3769	8140	0.4630	3640	8107	0.4490
贵州	1648	3580	0.4603	1570	3555	0.4416	1483	3530	0.4201	1404	3508	0.4002	1325	3502	0.3784
云南	2241	4801	0.4668	2148	4771	0.4502	2055	4742	0.4334	1967	4714	0.4173	1897	4687	0.4047
西藏	104	337	0.3086	98	331	0.2961	90	324	0.2778	82	318	0.2579	74	312	0.2372
陕西	2178	3835	0.5679	2110	3813	0.5534	2045	3793	0.5392	1985	3775	0.5258	1931	3764	0.5130
甘肃	1218	2626	0.4638	1166	2610	0.4467	1123	2600	0.4319	1080	2591	0.4168	1036	2582	0.4012
青海	317	598	0.5301	306	593	0.5160	296	588	0.5034	290	583	0.4974	280	578	0.4844
宁夏	395	682	0.5792	380	675	0.5630	369	668	0.5524	355	662	0.5363	340	654	0.5199
新疆	1207	2445	0.4937	1159	2398	0.4833	1115	2360	0.4725	1059	2298	0.4608	1007	2264	0.4448

资料来源：国家统计局网站。

附文　国务院关于深入推进新型城镇化建设的若干意见

国发〔2016〕8号

各省、自治区、直辖市人民政府，国务院各部委、各直属机构：

新型城镇化是现代化的必由之路，是最大的内需潜力所在，是经济发展的重要动力，也是一项重要的民生工程。《国家新型城镇化规划（2014—2020年）》发布实施以来，各地区、各部门抓紧行动、改革探索，新型城镇化各项工作取得了积极进展，但仍然存在农业转移人口市民化进展缓慢、城镇化质量不高、对扩大内需的主动力作用没有得到充分发挥等问题。为总结推广各地区行之有效的经验，深入推进新型城镇化建设，现提出如下意见。

一、总体要求

全面贯彻党的十八大和十八届二中、三中、四中、五中全会以及中央经济工作会议、中央城镇化工作会议、中央城市工作会议、中央扶贫开发工作会议、中央农村工作会议精神，按照"五位一体"总体布局和"四个全面"战略布局，牢固树立创新、协调、绿色、开放、共享的发展理念，坚持走以人为本、四化同步、优化布局、生态文明、文化传承的中国特色新型城镇化道路，以人的城镇化为核心，以提高质量为关键，以体制机制改革为动力，紧紧围绕新型城镇化目标任务，加快推进户籍制度改革，提升城市综合承载能力，制定完善土地、财政、投融资等配套政策，充分释放新型城镇化蕴藏的巨大内需潜力，为经济持续健康发展提供持久强劲动力。

坚持点面结合、统筹推进。统筹规划、总体布局，促进大中小城市和小城镇协调发展，着力解决好"三个1亿人"城镇化问题，全面提高城镇化质量。充分发挥国家新型城镇化综合试点作用，及时总结提炼可复制经验，带动全国新型城镇化体制机制创新。

坚持纵横联动、协同推进。加强部门间政策制定和实施的协调配合，推动户籍、土地、财政、住房等相关政策和改革举措形成合力。加强部门与地方政策联动，推动地方加快出台一批配套政策，确保改革举措和政策落地生根。

坚持补齐短板、重点突破。加快实施"一融双新"工程，以促进农民工融入城镇为核心，以加快新生中小城市培育发展和新型城市建设为重点，瞄准短板，加快突破，优化政策组合，弥补供需缺口，促进新型城镇化健康有序发展。

二、积极推进农业转移人口市民化

（一）加快落实户籍制度改革政策。围绕加快提高户籍人口城镇化率，深化户籍制度改革，促进有能力在城镇稳定就业和生活的农业转移人口举家进城落户，并与城镇居民享有同等权利、履行同等义务。鼓励各地区进一步放宽落户条件，除极少数超大城市外，允许农业转移人口在就业地落户，优先解决农村学生升学和参军进入城镇的人口、在城镇就业居住5年以上和举家迁徙的农业转移人口以及新生代农民工落户问题，全面放开对高校毕业生、技术工人、职业院校毕业生、留学归国人员的落户限制，加快制定公开透明的落户标准和切实可行的落户目标。除超大城市和特大城市外，其他城市不得采取要求购买房屋、投资纳税、积分制等方式设置落户限制。加快调整完善超大城市和特大城市落户政策，根据城市综合承载能力和功能定位，区分主城区、郊区、新区等区域，分类制定落户政策；以具有合法稳定就业和合法稳定住所（含租赁）、参加城镇社会保险年限、连续居住年限等为主要指标，建立完善积分落户制度，重点解决符合条件的普通劳动者的落户问题。加快制定实施推动1亿非户籍人口在城市落户方案，强化地方政府主体责任,确保如期完成。

(二)全面实行居住证制度。推进居住证制度覆盖全部未落户城镇常住人口,保障居住证持有人在居住地享有义务教育、基本公共就业服务、基本公共卫生服务和计划生育服务、公共文化体育服务、法律援助和法律服务以及国家规定的其他基本公共服务;同时,在居住地享有按照国家有关规定办理出入境证件、换领补领居民身份证、机动车登记、申领机动车驾驶证、报名参加职业资格考试和申请授予职业资格以及其他便利。鼓励地方各级人民政府根据本地承载能力不断扩大对居住证持有人的公共服务范围并提高服务标准,缩小与户籍人口基本公共服务的差距。推动居住证持有人享有与当地户籍人口同等的住房保障权利,将符合条件的农业转移人口纳入当地住房保障范围。各城市要根据《居住证暂行条例》,加快制定实施具体管理办法,防止居住证与基本公共服务脱钩。

(三)推进城镇基本公共服务常住人口全覆盖。保障农民工随迁子女以流入地公办学校为主接受义务教育,以公办幼儿园和普惠性民办幼儿园为主接受学前教育。实施义务教育"两免一补"和生均公用经费基准定额资金随学生流动可携带政策,统筹人口流入地与流出地教师编制。组织实施农民工职业技能提升计划,每年培训2000万人次以上。允许在农村参加的养老保险和医疗保险规范接入城镇社保体系,加快建立基本医疗保险异地就医医疗费用结算制度。

(四)加快建立农业转移人口市民化激励机制。切实维护进城落户农民在农村的合法权益。实施财政转移支付同农业转移人口市民化挂钩政策,实施城镇建设用地增加规模与吸纳农业转移人口落户数量挂钩政策,中央预算内投资安排向吸纳农业转移人口落户数量较多的城镇倾斜。各省级人民政府要出台相应配套政策,加快推进农业转移人口市民化进程。

三、全面提升城市功能

(五)加快城镇棚户区、城中村和危房改造。围绕实现约1亿人居住的城镇棚户区、城中村和危房改造目标,实施棚户区改造行动计划和城镇旧房改造工程,推动棚户区改造与名城保护、城市更新相结合,加快推进城市棚户区和城中村改造，有序推进旧住宅小区综合整治、危旧住房和非成套住房（包括无上下水、北方地区无供热设施等的住房）改造，将棚户区改造政策支持范围扩大到全国重点镇。加强棚户区改造工程质量监督，严格实施质量责任终身追究制度。

（六）加快城市综合交通网络建设。优化街区路网结构，建设快速路、主次干路和支路级配合理的路网系统，提升城市道路网络密度，优先发展公共交通。大城市要统筹公共汽车、轻轨、地铁等协同发展，推进城市轨道交通系统和自行车等慢行交通系统建设，在有条件的地区规划建设市郊铁路，提高道路的通达性。畅通进出城市通道，加快换乘枢纽、停车场等设施建设，推进充电站、充电桩等新能源汽车充电设施建设，将其纳入城市旧城改造和新城建设规划同步实施。

（七）实施城市地下管网改造工程。统筹城市地上地下设施规划建设，加强城市地下基础设施建设和改造，合理布局电力、通信、广电、给排水、热力、燃气等地下管网，加快实施既有路面城市电网、通信网络架空线入地工程。推动城市新区、各类园区、成片开发区的新建道路同步建设地下综合管廊，老城区要结合地铁建设、河道治理、道路整治、旧城更新、棚户区改造等逐步推进地下综合管廊建设，鼓励社会资本投资运营地下综合管廊。加快城市易涝点改造，推进雨污分流管网改造与排水和防洪排涝设施建设。加强供水管网改造，降低供水管网漏损率。

（八）推进海绵城市建设。在城市新区、各类园区、成片开发区全面推进海绵城市建设。在老城区结合棚户区、危房改造和老旧小区有机更新，妥善解决城市防洪安全、雨水收集利用、黑臭水体治理等问题。加强海绵型建筑与小区、海绵型道路与广场、海绵型公园与绿地、绿色蓄排与净化利用设施等建设。加强自然水系保护与生态修复，切实保护良好水体和饮用水源。

（九）推动新型城市建设。坚持适用、经济、绿色、美观方针，提升规划水平，增强城市规划的科学性和权威性，促进"多规合一"，全面开展城市设计，加快建设绿色城市、智慧城市、人文城市等新型城市，全面提升城市内在品质。实施"宽带中国"战略和"互联网＋"城市计划，加速光纤入户，促进宽带网络提速降费，发展智能交通、智能电网、智能水务、智能管网、智能园区。推动分布式太阳能、风能、生物质能、地热能多元化规模化应用和工业余热供暖，推进既有建筑供热计量和节能改造，对大型公共建筑和政府投资的各类建筑全面执行绿色建筑标准和认证，积极推广应用绿色新型建材、装配式建筑和钢结构建筑。加强垃圾处理设施建设，基本建立建筑垃圾、餐厨废弃物、园林废弃物等回收和再生利用体系，建设循环型城市。划定永久基本农田、生态保护红线和城市开发边界，实施城市生态廊道建设和生态系统修复工程。制定实施城市空气质量达标时间表，努力提高优良天数比例，大幅减少重污染天数。落实最严格水资源管理制度，推广节水新技术和新工艺，积极推进中水回用，全面建设节水型城市。促进国家级新区健康发展，推动符合条件的开发区向城市功能区转型，引导工业集聚区规范发展。

（十）提升城市公共服务水平。根据城镇常住人口增长趋势，加大财政对接收农民工随迁子女较多的城镇中小学校、幼儿园建设的投入力度，吸引企业和社会力量投资建学办学，增加中小学校和幼儿园学位供给。统筹新老城区公共服务资源均衡配置。加强医疗卫生机构、文化设施、体育健身场所设施、公园绿地等公共服务设施以及社区服务综合信息平台规划建设。优化社区生活设施布局，打造包括物流配送、便民超市、银行网点、零售药店、家庭服务中心等在内的便捷生活服务圈。建设以居家为基础、社区为依托、机构为补充的多层次养老服务体系，推动生活照料、康复护理、精神慰藉、紧急援助等服务全覆盖。加快推进住宅、公共建筑等的适老化改造。加强城镇公用设施使用安全管理，健全城市抗震、防洪、排涝、消防、应对地质灾害应急指挥体系，完善城市生命通道系统，加强城市防灾避难场所建设，增强抵御自然灾害、处置突发事件和危机管理能力。

四、加快培育中小城市和特色小城镇

（十一）提升县城和重点镇基础设施水平。加强县城和重点镇公共供水、道路交通、燃气供热、信息网络、分布式能源等市政设施和教育、医疗、文化等公

共服务设施建设。推进城镇生活污水垃圾处理设施全覆盖和稳定运行,提高县城垃圾资源化、无害化处理能力,加快重点镇垃圾收集和转运设施建设,利用水泥窑协同处理生活垃圾及污泥。推进北方县城和重点镇集中供热全覆盖。加大对中西部地区发展潜力大、吸纳人口多的县城和重点镇的支持力度。

(十二)加快拓展特大镇功能。开展特大镇功能设置试点,以下放事权、扩大财权、改革人事权及强化用地指标保障等为重点,赋予镇区人口10万以上的特大镇部分县级管理权限,允许其按照相同人口规模城市市政设施标准进行建设发展。同步推进特大镇行政管理体制改革和设市模式创新改革试点,减少行政管理层级、推行大部门制,降低行政成本、提高行政效率。

(十三)加快特色镇发展。因地制宜、突出特色、创新机制,充分发挥市场主体作用,推动小城镇发展与疏解大城市中心城区功能相结合、与特色产业发展相结合、与服务"三农"相结合。发展具有特色优势的休闲旅游、商贸物流、信息产业、先进制造、民俗文化传承、科技教育等魅力小镇,带动农业现代化和农民就近城镇化。提升边境口岸城镇功能,在人员往来、加工物流、旅游等方面实行差别化政策,提高投资贸易便利化水平和人流物流便利化程度。

(十四)培育发展一批中小城市。完善设市标准和市辖区设置标准,规范审核审批程序,加快启动相关工作,将具备条件的县和特大镇有序设置为市。适当放宽中西部地区中小城市设置标准,加强产业和公共资源布局引导,适度增加中西部地区中小城市数量。

(十五)加快城市群建设。编制实施一批城市群发展规划,优化提升京津冀、长三角、珠三角三大城市群,推动形成东北地区、中原地区、长江中游、成渝地区、关中平原等城市群。推进城市群基础设施一体化建设,构建核心城市1小时通勤圈,完善城市群之间快速高效互联互通交通网络,建设以高速铁路、城际铁路、高速公路为骨干的城市群内部交通网络,统筹规划建设高速联通、服务便捷的信息网络,统筹推进重大能源基础设施和能源市场一体化建设,共同建设安全可靠的水利和供水系统。做好城镇发展规划与安全生产规划的统筹衔接。

五、辐射带动新农村建设

（十六）推动基础设施和公共服务向农村延伸。推动水电路等基础设施城乡联网。推进城乡配电网建设改造，加快信息进村入户，尽快实现行政村通硬化路、通班车、通邮、通快递，推动有条件地区燃气向农村覆盖。开展农村人居环境整治行动，加强农村垃圾和污水收集处理设施以及防洪排涝设施建设，强化河湖水系整治，加大对传统村落民居和历史文化名村名镇的保护力度，建设美丽宜居乡村。加快农村教育、医疗卫生、文化等事业发展，推进城乡基本公共服务均等化。深化农村社区建设试点。

（十七）带动农村一二三产业融合发展。以县级行政区为基础，以建制镇为支点，搭建多层次、宽领域、广覆盖的农村一二三产业融合发展服务平台，完善利益联结机制，促进农业产业链延伸，推进农业与旅游、教育、文化、健康养老等产业深度融合，大力发展农业新型业态。强化农民合作社和家庭农场基础作用，支持龙头企业引领示范，鼓励社会资本投入，培育多元化农业产业融合主体。推动返乡创业集聚发展。

（十八）带动农村电子商务发展。加快农村宽带网络和快递网络建设，加快农村电子商务发展和"快递下乡"。支持适应乡村特点的电子商务服务平台、商品集散平台和物流中心建设，鼓励电子商务第三方交易平台渠道下沉，带动农村特色产业发展，推进农产品进城、农业生产资料下乡。完善有利于中小网商发展的政策措施，在风险可控、商业可持续的前提下支持发展面向中小网商的融资贷款业务。

（十九）推进易地扶贫搬迁与新型城镇化结合。坚持尊重群众意愿，注重因地制宜，搞好科学规划，在县城、小城镇或工业园区附近建设移民集中安置区，推进转移就业贫困人口在城镇落户。坚持加大中央财政支持和多渠道筹集资金相结合，坚持搬迁和发展"两手抓"，妥善解决搬迁群众的居住、看病、上学等问题，统筹谋划安置区产业发展与群众就业创业，确保搬迁群众生活有改善、发展有前景。

六、完善土地利用机制

（二十）规范推进城乡建设用地增减挂钩。总结完善并推广有关经验模式，全面实行城镇建设用地增加与农村建设用地减少相挂钩的政策。高标准、高质量推进村庄整治，在规范管理、规范操作、规范运行的基础上，扩大城乡建设用地增减挂钩规模和范围。运用现代信息技术手段加强土地利用变更情况监测监管。

（二十一）建立城镇低效用地再开发激励机制。允许存量土地使用权人在不违反法律法规、符合相关规划的前提下，按照有关规定经批准后对土地进行再开发。完善城镇存量土地再开发过程中的供应方式，鼓励原土地使用权人自行改造，涉及原划拨土地使用权转让需补办出让手续的，经依法批准，可采取规定方式办理并按市场价缴纳土地出让价款。在国家、改造者、土地权利人之间合理分配"三旧"（旧城镇、旧厂房、旧村庄）改造的土地收益。

（二十二）因地制宜推进低丘缓坡地开发。在坚持最严格的耕地保护制度、确保生态安全、切实做好地质灾害防治的前提下，在资源环境承载力适宜地区开展低丘缓坡地开发试点。通过创新规划计划方式、开展整体整治、土地分批供应等政策措施，合理确定低丘缓坡地开发用途、规模、布局和项目用地准入门槛。

（二十三）完善土地经营权和宅基地使用权流转机制。加快推进农村土地确权登记颁证工作，鼓励地方建立健全农村产权流转市场体系，探索农户对土地承包权、宅基地使用权、集体收益分配权的自愿有偿退出机制，支持引导其依法自愿有偿转让上述权益，提高资源利用效率，防止闲置和浪费。深入推进农村土地征收、集体经营性建设用地入市、宅基地制度改革试点，稳步开展农村承包土地的经营权和农民住房财产权抵押贷款试点。

七、创新投融资机制

（二十四）深化政府和社会资本合作。进一步放宽准入条件，健全价格调整机制和政府补贴、监管机制，广泛吸引社会资本参与城市基础设施和市政公用设施建设和运营。根据经营性、准经营性和非经营性项目不同特点，采取更具针对性的政府和社会资本合作模式,加快城市基础设施和公共服务设施建设。

（二十五）加大政府投入力度。优化政府投资结构,安排专项资金重点支持农业转移人口市民化相关配套设施建设。编制公开透明的政府资产负债表,允许有条件的地区通过发行地方政府债券等多种方式拓宽城市建设融资渠道。省级政府举债使用方向要向新型城镇化倾斜。

（二十六）强化金融支持。专项建设基金要扩大支持新型城镇化建设的覆盖面,安排专门资金定向支持城市基础设施和公共服务设施建设、特色小城镇功能提升等。鼓励开发银行、农业发展银行创新信贷模式和产品,针对新型城镇化项目设计差别化融资模式与偿债机制。鼓励商业银行开发面向新型城镇化的金融服务和产品。鼓励公共基金、保险资金等参与具有稳定收益的城市基础设施项目建设和运营。鼓励地方利用财政资金和社会资金设立城镇化发展基金,鼓励地方整合政府投资平台设立城镇化投资平台。支持城市政府推行基础设施和租赁房资产证券化,提高城市基础设施项目直接融资比重。

八、完善城镇住房制度

（二十七）建立购租并举的城镇住房制度。以满足新市民的住房需求为主要出发点,建立购房与租房并举、市场配置与政府保障相结合的住房制度,健全以市场为主满足多层次需求、以政府为主提供基本保障的住房供应体系。对具备购房能力的常住人口,支持其购买商品住房。对不具备购房能力或没有购房意愿的常住人口,支持其通过住房租赁市场租房居住。对符合条件的低收入住房困难家庭,通过提供公共租赁住房或发放租赁补贴保障其基本住房需求。

（二十八）完善城镇住房保障体系。住房保障采取实物与租赁补贴相结合并逐步转向租赁补贴为主。加快推广租赁补贴制度,采取市场提供房源、政府发放补贴的方式,支持符合条件的农业转移人口通过住房租赁市场租房居住。归并实物住房保障种类。完善住房保障申请、审核、公示、轮候、复核制度,严格保障性住房分配和使用管理,健全退出机制,确保住房保障体系公平、公正和健康运行。

（二十九）加快发展专业化住房租赁市场。通过实施土地、规划、金融、税收等相关支持政策，培育专业化市场主体，引导企业投资购房用于租赁经营，支持房地产企业调整资产配置持有住房用于租赁经营，引导住房租赁企业和房地产开发企业经营新建租赁住房。支持专业企业、物业服务企业等通过租赁或购买社会闲置住房开展租赁经营，落实鼓励居民出租住房的税收优惠政策，激活存量住房租赁市场。鼓励商业银行开发适合住房租赁业务发展需要的信贷产品，在风险可控、商业可持续的原则下，对购买商品住房开展租赁业务的企业提供购房信贷支持。

（三十）健全房地产市场调控机制。调整完善差别化住房信贷政策，发展个人住房贷款保险业务，提高对农民工等中低收入群体的住房金融服务水平。完善住房用地供应制度，优化住房供应结构。加强商品房预售管理，推行商品房买卖合同在线签订和备案制度，完善商品房交易资金监管机制。进一步提高城镇棚户区改造以及其他房屋征收项目货币化安置比例。鼓励引导农民在中小城市就近购房。

九、加快推进新型城镇化综合试点

（三十一）深化试点内容。在建立农业转移人口市民化成本分担机制、建立多元化可持续城镇化投融资机制、改革完善农村宅基地制度、建立创新行政管理和降低行政成本的设市设区模式等方面加大探索力度，实现重点突破。鼓励试点地区有序建立进城落户农民农村土地承包权、宅基地使用权、集体收益分配权依法自愿有偿退出机制。有可能突破现行法规和政策的改革探索，在履行必要程序后，赋予试点地区相应权限。

（三十二）扩大试点范围。按照向中西部和东北地区倾斜、向中小城市和小城镇倾斜的原则，组织开展第二批国家新型城镇化综合试点。有关部门在组织开展城镇化相关领域的试点时，要向国家新型城镇化综合试点地区倾斜，以形成改革合力。

（三十三）加大支持力度。地方各级人民政府要营造宽松包容环境，支持试点地区发挥首创精神，推动顶层设计与基层探索良性互动、有机结合。国务院有关部门和省级人民政府要强化对试点地区的指导和支持，推动相关改革举措在试点地区先行先试，及时总结推广试点经验。各试点地区要制定实施年度推进计划，明确年度任务，建立健全试点绩效考核评价机制。

十、健全新型城镇化工作推进机制

（三十四）强化政策协调。国家发展改革委要依托推进新型城镇化工作部际联席会议制度，加强政策统筹协调，推动相关政策尽快出台实施，强化对地方新型城镇化工作的指导。各地区要进一步完善城镇化工作机制，各级发展改革部门要统筹推进本地区新型城镇化工作，其他部门要积极主动配合，共同推动新型城镇化取得更大成效。

（三十五）加强监督检查。有关部门要对各地区新型城镇化建设进展情况进行跟踪监测和监督检查，对相关配套政策实施效果进行跟踪分析和总结评估，确保政策举措落地生根。

（三十六）强化宣传引导。各地区、各部门要广泛宣传推进新型城镇化的新理念、新政策、新举措，及时报道典型经验和做法，强化示范效应，凝聚社会共识，为推进新型城镇化营造良好的社会环境和舆论氛围。

国务院
2016年2月2日

后 记

本书是在笔者博士毕业论文的基础上修改完善而成的。

本书能够顺利出版,这首先要感谢导师赵增耀教授。从书稿的选题、写作、内容的完善,以及之后的反复修改直至最终定稿,本书都倾注了导师大量的智慧与心血。赵老师严谨的治学态度、深厚的理论功底、敏锐的学术洞察力、不断进取的学术追求都使我受益匪浅。导师春风化雨般地谆谆教诲,始终给予我学术的指引与支持。当我在学术研究中迷茫和困顿时,赵老师总是能拨云见日、大道若简地对我指点迷津。山高水长有时尽,唯吾师恩永生铭记。

感谢东吴商学院的罗正英教授、邢建国教授、顾建平教授、李晓峰教授等,能成为你们的学生,在课堂上聆听你们的真知灼见乃是我之所幸。感谢南通大学商学院的各位领导,是你们的理解和支持为我的科研工作开创了条件和提供了诸多便利。感谢南通大学商学院电子商务教研室的各位同仁,你们是我的坚强后盾。

感谢父母多年来对我的养育之恩,而今你们年事已高,祈愿你们健康快乐。特别要感谢我妻子陈俊霖女士,谢谢你始终全力支持我的研学之路,感谢你为我和儿子营造出温馨又幸福的家。

本书的出版得到了南通市第五期"226高层次人才培养工程"及南通市社科基金项目(编号:2018CNT005,提升城市创新承载力,打造南通创新之都的对策研究)的资助。